Tokio-Kyoto

Kiki Baron

GU

GRÄFE
UND
UNZER

Straßencafé-Szene auf der Omotesando in Tokios Flanierviertel Harajuku

INHALT

Karten und Pläne
Tokio: Klappe vorne; **Kyoto:** Klappe hinten; **Tokio, Kyoto und Umgebung:** Umschlag Rückseite; **Harajuku, Omotesando und Shibuya:** S. 60; **Rundgang in Asakusa:** S. 62

Pulsierende Städte und qualmende Vulkane, traditionelle Gepflogenheiten und eine hochtechnisierte Welt – Japan ist eines der interessantesten Ziele Asiens.

Merkwürdig eigentlich, daß dieser Inselstaat im Pazifik uns immer noch relativ fremd ist. Immerhin zählt Japan zu den **drei führenden Industriemächten** der Welt und ist in unseren Landen nahezu täglich präsent, sei es durch Meldungen aus Wirtschaft und Handel oder direkt durch seine Konsumgüter wie Computer, Autos oder Kameras. Und dennoch liegt das Land der aufgehenden Sonne in der Gunst der deutschen Touristen unter allen ost- und südostasiatischen Staaten ziemlich weit hinten.

Nur knapp 24 000 Besucher aus Deutschland wurden 1990 verzeichnet. Das läßt sich erklären. Zum einen gilt Japan bei uns als extrem teuer, zum anderen haben die Söhne Nippons selbst wenig getan, um uns ihren Archipel als Reiseland schmackhaft zu machen.

Eine Reise durch Japan kann genauso preiswert – oder genauso teuer – wie eine Tour durch Europa sein, es gibt jede Menge Interessantes zu entdecken und zu erleben, und die Verständigungsschwierigkeiten sind auch

Gedränge nicht nur zur Rush-hour: in Tokios Zentrum

nicht größer als beispielsweise in Hongkong oder Thailand. Selbst ohne eine Ahnung von Sprache und Schrift ist das Land problemlos bereisbar. Dazu trägt die Tatsache bei, daß Japan zu den sichersten Ländern der Welt gehört, viel sicherer zumal als Europa oder die USA. Und vielleicht noch wichtiger ist, daß seine Bewohner westlichen Besuchern gegenüber sehr freundlich, ehrlich und äußerst hilfsbereit sind.

Inseln der Vulkane

Geographisch betrachtet erscheint der langgezogene Archipel mit seinen mehr als 3000 Inseln und unbewohnten Eilanden auf den ersten Blick klein, und doch ist der Nordzipfel **Hokkaidos** von der südlichsten Okinawa-Insel **Iriomote-jima** 2800 Kilometer entfernt. 97 Prozent der Landfläche nehmen die vier Hauptinseln **Honshu**, **Hokkaido**, **Kyushu** und **Shikoku** ein, die zu drei Vierteln von Bergen überzogen sind. Die meisten dieser Berge sind vulkanischen Ursprungs; insgesamt erheben sich in Japan 265 Vulkane, darunter dreißig, die als aktiv gelten. Der **Fuji**, den die Japaner respektvoll Fuji-san nennen, ist der berühmteste, während der **Aso** auf Kyushu als der größte der Welt gilt.

Japans Bevölkerung von 123 Millionen Menschen drängt sich zum Großteil in den Küstenebenen, in engen Flußtälern und einigen Gebirgskesseln zwischen **Tokio** und **Fukuoka** und macht diese Zonen zu den dichtest be-

Die Kunst liegt im Detail: Namensvorhang eines Geschäfts in Kyoto

siedelten der Erde. An der Bevölkerungszahl gemessen, ist Japan der siebtgrößte Staat der Welt.

Unter den vier Hauptinseln nimmt **Honshu** nicht nur wegen seiner Größe, sondern auch aufgrund seiner geschichtlichen und kulturellen Bedeutung eine Vorrangstellung ein. Sie ist Standort der historischen Zentren **Nara**, **Kyoto** und **Kamakura** sowie der Millionenstädte **Osaka**, **Nagoya**, **Hiroshima** und der **Hauptstadt Tokio**.

Hokkaido, zweitgrößte Insel des Archipels, liegt im Norden von Honshu, überzogen von weitem Weideland, Bergen, Wäldern und Seen. Ihre größte Stadt, **Sapporo**, war 1972 Gastgeberin der Olympischen Winterspiele. Japans südlichste Großinsel, **Kyushu**, dem chinesischen Fest-

Der Rikuen-Garten in Tokio
vereinigt 88 verschiedene, kunstvoll
gestaltete Landschaftstypen

land am nächsten, diente jahrhundertelang als Tor zur übrigen Welt und damit später auch als Sprungbrett für Händler und christliche Missionare aus dem Westen. Kyushus mildes, subtropisches Klima und seine schöne Gebirgslandschaft mit aktiven Vulkanen und vielen heißen Quellen machen die Insel zu einem sehr beliebten Ferienziel der Japaner. Falls Sie schon einmal Fotos gesehen haben, die fröhliche Einheimische im schwarzen Lavasand eingegraben zeigen, so wurden diese wahrscheinlich in **Beppu**, Kyushus berühmtem Kurort an der Nordostküste, oder in **Ibusuki**, am südwestlichen Zipfel, aufgenommen. Die größte Stadt auf dieser Insel ist **Fukuoka**.

Shikoku ist die kleinste Insel der Großen Vier und ein recht beschauliches Stück Japan, deren Südküste vor allem bei Tauchern beliebt ist. In der Nähe von **Tokushima**, dem nach **Takamatsu** zweitgrößten Ort, liegen die 88 buddhistischen Tempel, die im 9. Jahrhundert von dem Priester Kukai gegründet wurden. Eine Wallfahrt dorthin gilt, besonders unter pensionierten Japanern, als Prophylaxe für alle Arten von gesundheitlichen Problemen sowie als gute Gelegenheit, sich bei den Göttern beliebt zu machen.

Die Japaner – ein Volk der Klischees?

Kaum ein anderes Volk der hochindustrialisierten Welt wird so hartnäckig mit positiven wie negativen Klischees bedacht wie die Japaner. So werden sie häufig als ein Volk von ausgeprägten Ästheten gesehen oder als Nachfahren der feinfühligen Höflinge und Hofdamen oder der mittelalterlichen Zen-Künstler. Ebenso verbreitet ist die Neigung, die Söhne Nippons als moderne Version der arroganten, aber loyalen und gesetzestreuen Samurai der **Tokugawa-Zeit** einzustufen. Unter Japans asiatischen Nachbarn hält sich die Meinung, daß die Japaner im Grunde Militaristen seien, was die knapp 700 Jahre lange Dominanz des Schwertadels und die brutalen Eroberungen der japanischen Armee in der ersten Hälfte unseres Jahrhunderts zu beweisen scheinen. Bei uns hingegen gelten sie gern als »Workaholics«, als unvergleichlich effizient in ihrer Organisation und als devot in ihrer Bereitschaft, alles – insbesondere das Privatleben – ihrer Karriere, ihrer Firma oder auch dem wirtschaftlichen Wohl des Staates zu opfern.

Wer auf seiner Reise mit Japanern in Kontakt kommt oder sie zumindest beobachtet, wird schnell feststellen, daß, wie bei anderen Völkern auch, Einstellungen und Lebensweisen je nach Alter und sozialer Position sehr unterschiedlich sein können. Nehmen wir beispielsweise den Ästhetizismus, der ohne Zweifel vorhanden ist; doch stehen dem die vielen unattraktiven Städte entgegen, die insbesondere die südliche Küstenregion von **Honshu** säumen, oder der unglaubliche Kitsch, der nicht nur überall angeboten, sondern auch tatsächlich gekauft wird. Oder nehmen wir den sprichwörtlichen Arbeitseifer: Wenn die Japaner wirklich so strebsam wären und ihre Zeit ausschließlich der Firma opferten und jedem Vergnügen entsagten, wovon, bitte schön, leben dann die Zigtausende von Hostessenbars und Kneipen im Land, wovon die gigantische Freizeitindustrie? Eines allerdings läßt sich nicht leugnen: daß sich die Japaner heutzutage immer noch größeren sozialen Zwängen unterwerfen als Völker westlicher Industrienationen. Doch auch das ändert sich langsam. In einem Land, so dicht besiedelt wie Japan, mögen schließlich auch strenge soziale Normen, die unter anderem die Rücksichtnahme gegenüber dem Nächsten garantieren, von essentieller Bedeutung sein.

Alltag in einer japanischen Großstadt

Die japanische Durchschnittsfamilie lebt in Wohnungen, die uns klein und vollgestopft erscheinen, besonders in den großen Städten wie Tokio oder Osaka, wo die Grundstückspreise astronomisch hoch sind. Häufig bewohnen die in Ruhestand getretenen Eltern des Sohnes mit dessen Familie dieselben vier Wände. Der Sohn freilich verbringt nur wenig Zeit zu Hause. Ist er in Tokio ansässig, verbringt er auf dem Weg zum Arbeitsplatz und zurück täglich zwei bis drei Stunden im Zug oder in der U-Bahn. Ein solcher **Sarari** (Lohnarbeiter) soll theoretisch vierzig Wochenstunden für seine Firma tätig sein. Aber wahrscheinlich macht er ein, zwei Überstunden und trifft sich dann noch mit Kollegen auf

Edle Geschäfte und Bars sind das Markenzeichen von Tokios Stadtteil Ginza

einen Drink. Nein, nicht nur zum Vergnügen. Mit dem Chef und den Kollegen abends zu trinken und zu singen, das gehört zu den Dienstpflichten eines Angestellten und zum guten Ton. Dabei sollen sich die kollegialen Beziehungen intensivieren, für viele Japaner eine Voraussetzung für harmonische Zusammenarbeit. Wahrscheinlich – obwohl sich die Situation langsam ändert – wird der Sarari sein Leben lang für dieselbe Firma arbeiten und eine Woche Urlaub im Jahr nehmen (offiziell stehen ihm 15 Tage zu, nebst einigen Feiertagen). Sein Lohn steigt proportional zum Alter, seine Beförderung mit der Anzahl der Jahre, die er für die Firma tätig war. Vielleicht beschwert er sich hinter vorgehaltener Hand über die Überstunden, aber im Prinzip akzeptiert er sie – weil es die andern auch tun.

Hausfrau und Mutter zu sein wird als die ehrenvollste Position betrachtet, die eine Frau einnehmen kann. Auch wenn heute mehr Frauen arbeiten als je zuvor, beschränkt sich ihre Tätigkeit meist auf schlecht bezahlte Jobs in untergeordneter Position oder auf Halbtagsarbeit. Japanische Frauen sind überwiegend als Büroangestellte, Verkäuferinnen, Lehrerinnen oder Kellnerinnen tätig. Frauen über dreißig haben größte Probleme, überhaupt eine Stelle zu finden. Der weibliche Anteil an gehobenen Stellen beträgt ganze 0,3 Prozent. Die Arbeitswelt in Japan ist eine Männerwelt. Aber auch dies scheint sich langsam zu ändern, nach-

dem vor einigen Jahren ein Gesetz verabschiedet wurde, das Frauen zumindest auf dem Papier als gleichberechtigt gelten läßt. Solange die Realität aber noch anders aussieht und sich nur wenig Chancen für eine Karriere bieten, ist es vielleicht verständlich, daß viele Frauen lieber heiraten und Kinder großziehen.

Gesellschaft im Umbruch

Der Drang nach Emanzipation ist unter den jungen Städterinnen aber stark auf dem Vormarsch. Jungen Leuten, die während ihres Studiums oder in den ersten Arbeitsjahren keinen Partner finden, hilft der Heiratsvermittler, der ein Freund beider Familien oder auch ein Arbeitskollege in höherer Position sein kann. Inzwischen sind allerdings mehr als siebzig Prozent aller Hochzeiten Liebesheiraten, ein gewaltiger Zuwachs gegenüber früheren Zeiten. Den »schönsten Tag im Leben« lassen sich die Japaner gern etwas kosten. Eine durchschnittliche Hochzeit inklusive Flitterwochen schlägt mit etwa 50 000 DM zu Buche. In den Luxushotels von Tokio können Sie verfolgen, wie ein Teil der Feierlichkeiten vor sich geht. In den Banquettsälen des **Four Seasons** in Tokio zum Beispiel finden täglich bis zu zweiundzwanzig Vermählungen mit durchschnittlich 125 Gästen statt.

Seit einigen Jahren scheint sich vieles einem sanften Umbruch zu nähern. Die Zahl der Kindertagesstätten nimmt zu, junge

Leute leben selbständig und weit von ihrer Heimatstadt entfernt. So manches junge Paar ist fest entschlossen, ein anderes Leben als ihre Eltern zu führen. Und, last but not least, findet man heutzutage sogar Politikerinnen, Doktorinnen und Rechtsanwältinnen, die darum bemüht sind, Familie und Job unter einen Hut zu bringen. Einer der wichtigsten Auslöser für die neue Selbständigkeit des einzelnen scheint laut einer Analyse des Soziologen Kenichi Ohmae der Computer zu sein. Seine Spiele beispielsweise ermuntern besonders die junge Generation – die sogenannten Nintendo Kids –, traditionelle Werte in Frage zu stellen bzw. sich durch Kreativität voranzukämpfen statt Gegebenes zu akzeptieren. Auf der Uni haben die Studenten über Internet die Möglichkeit, ihr Studium aktiv mitzugestalten und weltweite Recherchen anzustellen anstatt wie früher kritiklos ihren Professoren zu lauschen. Die Zeit des passiven Konsums ist abgelaufen, die Technik erlaubt den zukünftigen Gesellschafts- und Wirtschaftsträgern, Dinge zu hinterfragen, eine in Japan bis vor kurzem absolut undenkbare Situation.

Vielleicht sind es gerade diese vielen verschiedenen Aspekte des täglichen Lebens und die unterschiedlichen Gesellschaftsnormen, die – abgesehen von den Sehenswürdigkeiten – eine Reise durch das Land der aufgehenden Sonne so interessant machen. Ein Volk, das gleichzeitig Geishas und Roboter, Teekunst und moderne Automobile, Sumo-Kämpfer und Computer hervorbringt, stellt zweifellos eine für uns ungewöhnliche Gemeinschaft dar. Als Besucher in

Pulsierende Großstadt – Tokio bei Nacht

Japan kann man sich der Faszination des Landes kaum entziehen.

Etikette und Sprache

In Japan spielen Höflichkeit und Formalität traditionell eine wesentliche Rolle im täglichen Leben. Zwar wird von Ausländern nicht erwartet, daß sie jede Nuance in puncto Benehmen kennen und sich danach verhalten – das funktioniert schon aufgrund der Sprachschwierigkeiten nicht –, aber je besser man mit den Umgangsformen vertraut ist, um so leichter fällt die Kommunikation mit den Einheimischen und desto eher bringen diese dem Fremden Respekt entgegen. Da das korrekte Verhalten im Geschäftsleben eine recht komplexe Angelegenheit ist und zweifelsohne sehr wichtig für den Erfolg der Verhandlungen, ist es für Interessierte ratsam, sich vorab genauestens zu informieren. Auch wer »nur« als Tourist unterwegs ist, sollte sich zumindest folgende Richtlinien zu Herzen nehmen, um nicht als völliger Ignorant dazustehen: Überschwenglicher Dank, auch wenn es nur um Kleinigkeiten geht, ist in Japan normal. Das beginnt bei einem einfachen **dōmo**, wenn zum Beispiel ein Gepäckträger zu Hilfe eilt oder wenn Speisen und Getränke serviert werden, oder auch bei einem **dōmo, dōm**, wenn man es besonders freundlich meint, über **arigato**, was Sie auch in jeder Situation als »danke« benutzen können, bis zum **arigato gozaimasu** für »recht herzlichen Dank«. Da die japanischen Vokale fast wie die unsrigen ausgesprochen werden, sind diese Floskeln auch einfach zu erlernen. Die Striche stehen für die Betonung der Silben und einen geschlossen gesprochenen Laut. Bei dōmo spricht man das erste o also wie in »Ofen«, das zweite wie in »offen«. Entsprechend sagt man übrigens **Tōkio** und **Kiōto**.

Für uns ungewöhnlich ist die Danksagung, wenn man jeman-

LESETIP

Es gibt inzwischen zahlreiche deutsche Übersetzungen japanischer Autoren. Zum Beispiel des Nobelpreisträgers **Kanzburo Oe**. Vom Erwachsenwerden in Japan handelt der brillant geschriebene Roman »N.P.« der jungen **Banana Yoshimoto**. Und wie ein westlicher Fotograf mit der Liebe zu einer Japanerin umgeht, erzählt **Cees Nooteboom** in »Mokusei! Eine Liebesgeschichte«.

Tanz, Gesang und Konversation gehören zur Ausbildung der Geishas

den ein zweites Mal trifft. Dann nämlich bedankt man sich (wer kein japanisch kann, am besten auf englisch) dafür, daß der andere damals so freundlich war, auch wenn er sich nur ganz normal verhalten hat. Also: »Thank you for your kindness the other day«.

Sollten Sie bemerken, daß Ihr Gastgeber irgend etwas extra für Sie arrangiert hat, daß zum Beispiel deutsches Bier oder Wein oder bestimmte Blumen wie Tulpen oder Rosen auf dem Tisch stehen, zeigen Sie ausdrücklich Ihre Freude darüber. Schenken Sie andererseits Wohnungsaccessoires in Privathäusern oder Büros nicht allzu große Beachtung. Ihr japanischer Freund mag sich sonst veranlaßt fühlen, Ihnen den betreffenden Gegenstand zu schenken. Dennoch, positive Äußerungen über die Wohnungseinrichtung erfreuen den Gastgeber, um so mehr, falls Sie technische Geräte und Spielereien entdecken – sei es Hifi-Anlage, automatisches Klavier, Computer o.ä. Auf derartige Errungenschaften sind die Japaner nicht weniger stolz als unsere Landsleute.

Die Kunst der Verbeugung

Verbeugungen bei Begrüßung und Abschied sind in Japan gang und gäbe. Das macht jeder Fahrkartenschaffner, jede Verkäuferin, jedes Zimmermädchen, und darauf müssen Sie nicht unbedingt reagieren. Wenn Sie aber jemandem vorgestellt werden, sollten Sie schon den Oberkörper leicht neigen, die Hände dabei an die Schenkel gelegt. Westlichen Besuchern strecken die Japaner oft die Hand zum Gruß entgegen. Ergreifen Sie sie nur leicht, ohne zu schütteln. Bei einem längeren Gespräch mit Japanern vermeiden Sie zu häufigen Augenkontakt, konservative Japaner empfinden dies als unhöflich. Man zeigt auch nicht direkt mit dem nackten Finger auf irgend etwas, besser mit der ganzen Hand, die Handfläche nach oben, mit leicht seitlicher Bewegung.

Versuchen Sie nicht, irgend jemandem Trinkgeld zu geben, das könnte nämlich als Beleidigung aufgefaßt werden. Besser, Sie zeigen sich mit einem kleinen, hübsch verpackten Geschenk bei Ihrem japanischen Reise- oder Stadtführer (oder anderen) erkenntlich, vielleicht mit etwas Typischem aus der eigenen Heimat (Marmelade, Marzipan, Bilder) oder Süßigkeiten, die es in den schönsten Schächtelchen überall zu kaufen gibt. Bei Gastgeschenken sollten Sie darauf achten, daß sie nicht zu teuer oder wertvoll sind, weil sich der Beschenkte verpflichtet fühlt, ein Gegengeschenk im gleichen Wert zu machen. Falls Sie neugewonnene Freunde als Dankeschön zum Essen einladen möchten, gehen Sie mit ihnen in ein Lokal mit westlicher Küche. In den Großstädten findet man erstaunlicherweise fast immer preiswerte deutsche Restaurants.

**D**er Flug von Frankfurt nach Tokio ist kürzer, als man denkt. Sie fliegen über Sibirien, und das sind mit Rückenwind zwischen elf und zwölf Stunden.

Mit dem Flugzeug

Die **Japan Airlines** (JAL) fliegt täglich zwischen Frankfurt und Tokios **Narita Airport** mit guten Anschlüssen zum **Kanzai Airport**, dem neuesten Großflughafen der Welt in der Bucht von Osaka. Wer hauptsächlich Kyoto und Umgebung besuchen möchte, sollte Kanzai anfliegen. Die Lufthansa fliegt ab Frankfurt direkt dorthin.

Weitere Verbindungen nach Tokio, mit Umsteigen im Heimatflughafen, bieten u.a. Hongkongs Cathay Pacific und Taiwans **China Airlines**. Letztere landet im näher an Tokio gelegenen **Haneda Airport** anstatt in Narita.

Von Narita aus muß man 2000 Yen, von Kanzai 2500 Yen **Abfluggebühr** zahlen, in Haneda ist der Abflug umsonst.

Ankunft in Tokio

In der Ankunftshalle des Flughafens befindet sich das **Tourist Information Center** (T.I.C.). Dort bekommt man u.a. Karten und Tips über die verschiedenen Transfer-

Hypermodern – der Kanzai Airport in Osaka

WILLKOMMEN IN JAPAN

Futuristisch im Design:
der Rapiito Airport Express

möglichkeiten. An der langen Wand reihen sich die Schalter, an denen man die entsprechenden Tickets kaufen kann. Von Narita aus am bequemsten sind die Limousinenbusse, die viele Unterkünfte direkt anfahren. Alternativ fährt alle 20 Minuten der **TCAT-Bus** zum Tokio City Air Terminal in Nihombashi/Ginza. Die schnellste Verbindung (etwa eine Stunde) bietet der **Narita Express** der Japan Railways (JL). Er verbindet etwa stündlich den Airport mit Tokio Station, Ikebukuro, Shinjuku und Yokohama. Falls Sie einen Voucher für den JR-Paß mitgebracht haben, können Sie ihn hier einlösen und gleich zum Transfer benutzen. Eine Taxifahrt ins Zentrum kostet mindestens 25 000 Yen. Über die Autobahn dauert die Tour etwa zwei Stunden.

Haneda liegt näher und ist mittels Limousinenbussen (1100 Yen) mit den Hotels verbunden. Mit wenig Gepäck und keiner Angst vorm Umsteigen ist die Verbindung mit den Zügen der **Monorail** und **JR Yamanote-Line** eine günstige Alternative. Transferzeit mit Bus oder Taxi (um die 8000 Yen) etwa eine bis eineinhalb Stunden.

Ankunft Kanzai Airport Osaka – Kyoto

Am T.I.C.-Schalter im 1. Stock der Ankunftshalle drückt Ihnen der Computer die verschiedenen Transfermöglichkeiten per Bahn, Bus oder Schiff aus und beschreibt auf deutsch in Diagrammen genau, von wo es losgeht. Für 2400 Yen legt der High-Tech-**Rapiito der San-yo Line von Nankai Railways** die Strecke zur Osaka Station **Namba** in rasantem Tempo zurück. Zur Osaka Station **Umeda**, ein zweiter »Riesen«-Bahnhof, führt der Highspeed-Zug Shin Kaisoku. Nach Kyoto fährt man in 90 Minuten am besten direkt mit JR.

Die schnellste Nonstop-Verbindung bieten Tokaido-Line und San-yo Line. Es verkehren auch Busse bzw. Hotelbusse, die aber bedeutend länger brauchen und in der Regel das gleiche kosten. Insgesamt stellen sich all die verschiedenen Verbindungen auf dem Plan höchst kompliziert dar. Man sollte deshalb am T.I.C.-Schalter unbedingt sicherstellen, daß man seine gewünschten Connections begriffen hat.

Japan ist mit einem perfekten System öffentlicher Verkehrsmittel verbunden. Eigenhändiges Lenken von Mietwagen ist nicht empfehlenswert.

Busse

Abgesehen von den Zugverbindungen unterhalten JR (Japan Railways) sowie andere Transportunternehmen ein extensives Busnetz im Land. Manche Ziele sind dadurch schneller und preiswerter als per Bahn zu erreichen. Fragen Sie bei T.I.C. oder im Hotel danach, und lassen Sie sich einen Stationenplan geben.

In Tokio: Das Busnetz Tokios ist zwar ähnlich extensiv wie das der U-Bahnen, aber die Beschriftungen an Fahrzeugen und Haltestellen sind nur japanisch. Am besten, Sie fragen an der Rezeption, ob Ihr Ziel ohne Umsteigen erreichbar ist. Wenn ja, erkundigen Sie sich am besten auch nach der Bus-Nummer und Anzahl der Stopps bis zum Aussteigen.

In Kyoto: Am einfachsten erkundet man Kyoto per Bus. Es gibt zahlreiche Linien, deren Verlauf und Haltestellen in englischsprachigen Stadtplänen verzeichnet sind, die Sie bei T.I.C. erhalten.

Das japanische U-Bahn-System ist dem europäischen sehr ähnlich

Innerhalb der Stadt kostet ein Ticket für eine Strecke 170 Yen, die Sie beim Aussteigen bezahlen. Nach dem Umsteigen müssen Sie wieder neu bezahlen. Falls Sie längere Strecken fahren wollen, müssen Sie beim Einsteigen ein Ticket am Automaten neben der hinteren Tür ziehen. Darauf steht eine Nummer. Anhand dieser Nummer können Sie dann auf einer Anzeigetafel rechts über dem Fahrer verfolgen, wie hoch der Preis ist. Je weiter Sie reisen, desto mehr steigt er, versteht sich. Bezahlt wird dann ebenfalls beim Aussteigen vorn.

Eisenbahnen

Die **Japan Railways** unterhält ein sehr engmaschiges Streckennetz bis in die letzten Winkel des Landes und bildet somit für Besucher (aber auch für die Einheimischen) ein optimales, schnelles und zuverlässiges Fortbewegungsmittel.

Besonders schnell geht es mit den äußerst komfortablen **Shinkansen**, die Reisende von Tokio innerhalb von drei Stunden (im 20-Minuten-Takt) zum etwa 500 Kilometer entfernten Kyoto bringen. Die gesamte Shinkansen-Strecke führt von **Hakata** auf Kyushu im Süden bis nach **Morioka**, hoch im Norden von Honshu – insgesamt über 1720 Kilometer.

Neben diesen Zügen gibt es noch jede Menge Schnell-, Eil- und Lokalbahnen. Abgesehen von letzteren können Sie für alle Plätze reservieren, was wirklich ratsam ist. Das funktioniert auch noch kurz vor der Abfahrt, falls noch Plätze frei sind. Es gibt in jedem Zug aber auch Waggons mit unreservierten Sitzen. Wer vorhat, durch Japan zu reisen, sollte sich vor der Reise entweder in den **Japan-Airlines-Büros** oder bei autorisierten Reiseunternehmen im Heimatland einen »Japan-Rail-Paß« kaufen, der zu unbegrenztem Reisen auf den JR-Strecken berechtigt. Mit dem Paß gehen Sie zum grün-markierten Fahrkartenschalter auf dem Bahnhof und lösen unter Vorlage Ihres JR-Passes die Fahrkarten für die gewünschten Strecken.

Preise

7 Tage: 1. Klasse 37 000,
2. Klasse 27 800 Yen
14 Tage: 1. Klasse 60 000,
2. Klasse 44 200 Yen
21 Tage 1. Klasse 78 000,
2. Klasse 56 600 Yen
Kinder von 6 bis 11 Jahren zahlen die Hälfte.

Neben JR gibt es noch zahlreiche Privatbahnen, für die der Paß nicht gilt. Sie verbinden Wohngebiete mit Städten und beliebten Ausflugszielen wie **Hakone**, **Nikko** oder **Shimoda**. Diese Strecken können Sie aber auch mit JR befahren.

Wer mit dem Zug reist, sollte sein Gepäck so handlich und leicht wie möglich halten. Erstens ist der Stauraum in den Zügen begrenzt, und zweitens gibt es fast nirgendwo auf den Bahnhöfen Kofferkulis.

Uniformierte »Bahnsteig-Drücker« sind während der Rush-hour im Einsatz

Bahn (U-Bahn/S-Bahn) in Tokio: Die drei größten Stationen Tokios, wo u.a. auch die superschnellen Shinkansen halten, sind **Shinjuku, Tokyo** und **Ueno Station**. Falls Sie von einem dieser riesigen Bahnhöfe abfahren (Shinjuku hat 63 Ein- und Ausgänge auf mehreren Etagen), erscheinen Sie besser geraume Zeit vorher. Den richtigen Bahnsteig zu finden, ist für Japan-Debütanten nicht selten eine nervenaufreibende Rennerei. Ohne Kofferkuli kann es mit schwerem Gepäck sogar zur Tortur werden.

Rund um Tokio bietet sich neben den U-Bahnen die JR-Ringlinie **Yamanote** an, mit der man oft schneller und mit guter Sicht auf die Stadt zum Ziel kommt. Ihre Züge und Anzeigetafeln sind grün gehalten. Quer durch die Stadt von Shinjuku nach Tokyo Station geht die »gelbe« **Chuo-Line**.

Auskünfte über Abfahrzeiten von Zügen erhalten Sie von **T.I.C.** (Tel. 502-14 61) oder direkt bei **Japan Railways** (Tel. 212-70 51). Um Mißverständnissen vorzubeugen, lassen Sie besser von der Rezeption Ihres Hotels anrufen, denn die JR-Angestellten sprechen häufig nicht englisch.

Was die **U-Bahnen** betrifft, so verfügt Tokio über ein sehr extensives Netz, welches die inneren Stadtbezirke mit den Unterzentren verbinden. Im Prinzip ist das Zurechtfinden einfach, jedenfalls, wenn man mit europäischen U-Bahn-Systemen vertraut ist, die genauso funktionieren. Einen Plan erhalten Sie im Hotel oder bei T.I.C. Alle Stationen sind mit englischen Namen versehen. Vor dem Betreten des Bahnsteigs müssen Sie ein Ticket im Automaten ziehen. Da Preise und Ziele meist nur auf japanisch vermerkt sind, ziehen Sie einfach das billigste (120 Yen) und entrichten den Rest beim Verlassen des Zielbahnhofs, wo ein Kontrolleur die Fahrscheine einsammelt. Falls Sie tagsüber mehrere Male die U-Bahn nehmen wollen, lohnt sich eine Tageskarte für 720 Yen. Für 1 460 Yen können Sie einen Tag lang alle Züge, U-Bahnen und Busse benutzen. Wer Angst vor Menschenmassen hat, sollte die öffentlichen Verkehrsmittel zur Rush-hour meiden. Während dieser Zeit sind die weißbehandschuhten »Bahnsteig-Drücker« am Werk, die die Leute in die Waggons schieben.

Bahn (U-Bahn/S-Bahn) in Kyoto: Informationen über Abfahrtszeiten der Züge bekommen Sie vom **Travel Service Center** im Hauptbahnhof (Tel. 361-57 86, täglich von 10 bis 18 Uhr).

Von der **Keishin-Sanjo Station** führt eine Straßenbahnlinie östlich über die Hügel nach **Hama-Otsu** und gen Süden zu Osakas **Yodoya Bashi Station**.

Von der **Shijo-Omiya Station** im Westen Kyotos geht eine S-Bahn zur **Keifuku-Arashiyama Station** beim Tenryuji Tempel.

Die Eizan-Linie beginnt bei der **Demachi-Yanagi Station** und führt gen Norden nach Uji. Bisher gibt es nur eine U-Bahn Linie in Kyoto, die von Kitayama über den Kaiserpalast und Kyoto Station nach Takeda führt.

Wohin Sie auch fahren wollen, fragen Sie am besten in Ihrer Unterkunft nach der schnellsten Verbindung. Denn in keinem Plan der Region Kyoto, Osaka, Nara sind die gesamten öffentlichen Verkehrsverbindungen auf einmal verzeichnet. Und lassen Sie sich die Verbindung grundsätzlich auf japanisch aufschreiben.

Mietwagen

Weder in den Städten (wegen der Unübersichtlichkeit, starken Verkehrs und Parkplatzproblemen) noch auf dem Land (wegen japanischer Schriftzeichen auf den Hinweistafeln) ist das eigenhändige Lenken von Fahrzeugen empfehlenswert. Es kommt hinzu, daß Autofahren ein recht teurer Spaß ist, mit etwa 150 bis 200 DM pro Tag (220 Kilometer frei) für die Miete plus Versicherung, 2,20 DM pro Liter Benzin und hohen Autobahngebühren.

Um einen Wagen zu lenken, benötigen Sie als Schweizer oder Österreicher einen internationalen, für Deutsche reicht der deutsche Führerschein. Gefahren wird links. Wer sich unbedingt per Leihwagen ins unübersichtliche Tokio stürzen und Stunden im Verkehr zubringen will, bitte schön: Am Haneda und Narita Airport sowie in der Stadt gibt's ein dutzend großer Autovermieter.

In Tokio:
Nippon
Rent-a-car-Service ■ A 5/A 6

Nippon Rent-a-Car Building
5-5 Kamiyama-cho, Shibuya-ku
Tel. 34 68-71 26
Nissan
Reservation Center ■ D 6
Landick Iikura Building
1-5-7 Azabudai, Minato-ku
Tel. 35 87-41 23
Toyota Rent-a-Lease ■ D 3
1-1-8 Fujimi, Chiyoda-ku
Tel. 32 64-28 34

In Kyoto:
Mazda Rent-a-Car ■ K 5
Kawaramachi-Nishi-Iru,
Gojo-dori Shimogyo-ku
Tel. 361-02 01
Nippon Rent-a-Car
Higashi-Kujo, Muromachi
Tel. 671-09 19
Toyota Rent-a-Lease ■ K 4
Sanjo-agaru, Karasuma Dori
Nakagyo-ku
Tel. 241-01 00

Von daheim reservieren
zum Ortstarif
Avis 0130/77 33
Hertz 0130/21 21

Fahrräder

Tokio ist aufgrund des turbulenten Verkehrs für Radler wenig empfehlenswert, sicherer ist man zu Fuß. Aber in Kyoto lassen sich die kleinen Straßen hervorragend per Rad erkunden. Sie bekommen das Stahlroß z. B. bei

Rental Pia Service
(neben Nippon Rent-a-Car)
Tel. 672-06 62
Taki Rent-a-Bike
Tel. 341-75 86

Taxis

In **Tokio** fahren tagsüber Tausende von Taxis. Die mit dem roten Licht sind frei. Sie halten auf Zuwinken. Die linke hintere Tür öffnet und schließt sich automatisch. Am besten lassen Sie sich vor Fahrtantritt das Ziel auf japanisch aufschreiben und überreichen den Zettel dem Chauffeur. Falls er die Adresse nicht sofort findet, kann es passieren, daß er Sie höflich, aber bestimmt aus dem Wagen entläßt. Taxifahren ist teuer: Die ersten zwei Kilometer kosten 600 Yen, dann klettert es schnell alle 370 Meter um 90 Yen plus Zeitaufschlag, falls sich der Wagen weniger als zehn Kilometer pro Stunde fortbewegen kann.

In **Kyoto** fahren Taxis in drei Größen mit unterschiedlichen Preisen (diese stehen an der Tür): Die kleinste Variante kostet 550 Yen für die ersten beiden Kilometer, die nächste 600 und die größte 650 Yen. Zwischen 23 und 5 Uhr erhöht sich der Preis um 30 Prozent. Diese Taxis lassen sich halbstündig mieten, für 1800 bis 2500 Yen.

Inlandsflüge

Die drei wichtigsten Fluggesellschaften für Inlandsflüge sind **Japan Airlines** (JAL), **All Nippon Airways** (ANA) und **Japan Air System** (JAS). Die Tarife sind um mehr als die Hälfte niedriger als die vergleichbaren Strecken bei uns. Rechnen Sie allerdings die Zeit hinzu, die Sie zum Flughafen bzw. von dort zum Hotel benötigen, lohnen sich die Flüge eigentlich nur, wenn Sie Städte anfliegen, die von der Shinkansen-Route weiter entfernt liegen.

Schiffsverbindungen

Japan unterhält zahlreiche Fährverbindungen zwischen seinen Haupt- und Nebeninseln.

DER BESONDERE TIP

Twilight Express Zwischen Sapporo und Osaka verkehrt ein Luxuszug, eine Art Orient-Express auf japanisch. Allerdings ist seine Ausstattung modern, und man hat die Wahl, höchst feudal im Doppelbett mit großzügiger Naßzelle oder im engen Dreibett-Abteil zu nächtigen. Beim Essen gibt's entweder Französisches im eleganten Dining-Car oder japanische Bento-Kost in den eigenen vier Wänden. Entsprechend unterschiedlich ist der jeweilige Preis, der als Aufschlag auf den JR Pass berechnet werden kann. Auskunft: JNTO

Pensionen und Gästehäuser bieten in Japan recht preiswerte Übernachtungsmöglichkeiten und gleichzeitig die Gelegenheit, Einheimische kennenzulernen.

Man unterscheidet prinzipiell zwischen Unterkünften in westlichem und in japanischem Stil, was sich weniger in der Architektur als in Ausstattung und Service äußert. **Western-Style-Hotels** in Tokio und Kyoto gehören fast ausschließlich in die Luxus- und First-Class-Kategorie, worin sich unter anderem Japans Ruf als Hochpreisland begründet. Doch es ist durchaus möglich, wenn auch in der Hauptstadt schwieriger als anderswo, Zimmer für weniger als 100 DM (inklusive zwei Mahlzeiten) zu finden. Voraussetzung ist dann allerdings, daß man mit japanischen Gepflogenheiten zurechtkommt: zum Beispiel auf **Futons** auf dem Boden zu schlafen und Bad und Tisch mit anderen Gästen zu teilen. Hinzu kommen Verständigungsschwierigkeiten; wenn auch die Häuser, die Ausländer aufnehmen – was übrigens häufig nicht der Fall ist –, zumindest eine Person beschäftigen, die ein paar Worte englisch spricht.

Japanische Unterkünfte, abgesehen von den sogenannten

Direkt am Fuji gelegen: das Fuji-Hakone Guest House

Business Hotels, die auf einheimische Geschäftsleute ausgerichtet sind, fallen entweder in die Kategorie **Ryokan** oder **Minshuku**. Hier übernachtet man stilecht japanisch. Auf den westlichen Gast zugeschnitten sind die Häuser der **Japanese Inn Group** und die **Welcome Inns**. **Jugendherbergen** gibt es auch – und schließlich noch eine ganz besondere Möglichkeit, sein müdes Haupt zu betten: **buddhistische Klöster**.

Zu bestimmten Jahreszeiten ist für alle Arten von Hotels in Japan eine rechtzeitige Reservierung unbedingt notwendig, und zwar Ende April/Anfang Mai (während der sogenannten Golden Week), Mitte Juli bis Ende August und vom 27. Dezember bis 4. Januar.

Höchste Ehre für einen Fremden – die Einladung nach Hause

Es kommt sehr selten vor, daß man von Japanern in ihr Haus oder ihre Wohnung eingeladen wird. Doch die wichtigsten Benimmregeln für diesen Fall sollten Sie auch im Ryokan oder Minshuku, den traditionellen japanischen Herbergen, beherzigen. Bevor Sie die Haustreppe oder Schwelle betreten, ziehen Sie die Schuhe aus und schlüpfen in die bereitgestellten Plastikslipper. Dieser entledigen Sie sich wiederum, bevor Sie Ihren Fuß auf die **Tatami-Matten** in den Zimmern setzen. Wenn Sie die Toilette benutzen, stehen in der Kabine extra WC-Slipper bereit; also Hausslipper aus, und nämliche an. Nach Beendigung des Geschäfts vergessen Sie um Himmels willen nicht, diese Schuhe wiederum auszutauschen. Ist ein Garten vorhanden, gibt es auch für diesen extra Hauslatschen. Auch wenn das Essen wegen unbequemen Sitzens auf dem Boden zur Qual wird: Da müssen Sie durch. Männer dürfen immerhin im Schneidersitz hocken, Frauen aber nur auf den Knien, es sei denn, sie haben Jeans an.

Zum Abschluß eine kleine Unterweisung in der korrekten Badeprozedur, mit welcher Sie zumindest in Hotels japanischen Stils konfrontiert werden können: Hüllen Sie sich vor dem Bad in den blauweißen Kimono, **Yukata** genannt, der in jeder noch so kleinen Herberge dem Gast zur Verfügung gestellt wird, und entkleiden Sie sich im entsprechenden Ankleidezimmer vor dem Wannenraum. Dort liegen Minihandtücher bereit. Diese dienen nicht nur zum Abtrocknen, sondern auch zur Bedeckung der Scham vor eventuell Anwesenden, was erfahrungsgemäß nicht ganz einfach ist. Bevor Sie in das Becken steigen, müssen Sie sich unter der Dusche erstmal ordentlich abschrubben und die Seife vollständig abspülen. Die Wanne ist nämlich in Japan nicht zum Waschen da, sondern ausschließlich zum Entspannen. Die Wohltat zu genießen fällt anfangs allerdings schwer, ist doch das Wasser brühend heiß – nur ganz langsam hinein also. Männer und Frauen baden übrigens getrennt; sind keine zwei Becken vorhanden, dann zumindest zu unterschiedlichen Zeiten.

Buddhistische Klöster – Orte der Ruhe und Besinnlichkeit

Für manchen Reisenden mag eine Nacht im buddhistischen Kloster höchst interessant sein. Die Zimmer, **Shukubo** genannt, ähneln denen in preiswerten Ryokans, gespeist wird hier ausschließlich vegetarisch. Inklusive Essen zwischen 5000 und 11 000 Yen (Auskunft beim Japanischen Fremdenverkehrsamt → Japan von A bis Z, Auskunft). Der beste Platz, das Leben der Mönche hautnah mitzuerleben, ist **Koya-san** in der Präfektur Wakayama, eineinhalb Bahnstunden von Osaka entfernt (→ S. 102).

Japanese Inn Group und Welcome Inns

Auf ausländische Touristen haben sich die **Japanese Inn Group** und die **Welcome Inns** spezialisiert, zu denen zur Zeit etwa zweihundertfünfzig über das Land verteilte Pensionen gehören; Tendenz stark steigend. Sie bieten Unterkünfte in westlichem und japanischem Stil zwischen 4000 und 10 000 Yen pro Person an. Die Kataloge sowie den »Japan Ryokan Guide« in englischer Sprache erhalten Sie beim Japanischen Fremdenverkehrsamt.

Jugendherbergen

In Jugendherbergen, insgesamt gibt es 75 öffentliche und etwa 470 private, kosten Bett und zwei Mahlzeiten um 3000 Yen. Nach-

Ideal zum Besuch des Fuji: das Hotel Fujiya in Hakone

teil: Um 21 oder 22 Uhr wird die Tür geschlossen, und Nachtruhe ist angesagt. Die »Youth Hostel Map of Japan« bekommen Sie in den Touristen-Informationszentren in Tokio und Kyoto, ebenfalls die notwendige Mitgliedskarte für 2200 Yen, falls Sie keine internationale mitbringen.

Ryokan und Minshuku

Zu den **Ryokans** gehören Häuser, die im traditionellen Stil mit sehr persönlich abgestimmtem Service geführt werden, manchmal seit vielen Generationen im Familienbesitz und in schönen alten Holzgebäuden mit Ziegeldächern untergebracht sind. Ihr Preis liegt durchschnittlich zwischen 10 000 und 30 000 Yen pro Person, inklusive Frühstück, Dinner und Service Charge. Das ist nicht gerade billig, doch lohnt es sich, zumindest eine Nacht in solch einer Herberge zu verbringen. Denn nichts vermittelt dem Reisenden die einzigartige, von Stille und Einsamkeit geprägte Stimmung, die simple Schönheit und die jahrhundertealte Tradition besser als diese japanischen Inns. Es sind Enklaven von dunklem, blankpoliertem Holz, mit weichen Tatami-Böden, Schiebetüren aus Reispapier, winzigen Gärtchen und Kimono tragenden Hostessen. Man betritt sie meist durch ein Tor und einen kleinen Vorgarten. Vor der Türschwelle werden die Straßenschuhe gegen Plastikslipper eingetauscht. Eine Empfangsdame führt den Gast zum Zimmer, das nur auf Strumpfsocken oder barfuß betreten werden darf. Die Räumlichkeiten sind leer bis auf ein niedriges Tischchen, einige Sitzkissen, ein antikes Rollbild oder Gefäß in einem Alkoven und ein Blumengesteck. Der besondere Reiz eines Ryokan – auch für Europäer – liegt in den kleinen japanischen

DER BESONDERE TIP

Fuji-Hakone Guest House Das charmant-familiäre Gästehaus in Hakone bietet Zimmer im japanischen Stil sowie ein Bad, welches von heißen Quellen gespeist wird, für 5000 bis 6000 Yen pro Person. Der sehr gut englisch sprechende Inhaber Masami Takahashi gibt ausländischen Gästen mit größter Begeisterung Tips für Ausflüge zum Fuji und in die nähere Umgebung. Das Haus ist von Shinjuku/Tokio aus direkt mit dem Tomei Express Way Bus in zwei Stunden erreichbar. Auf dem Weg gibt's jede Menge Fuji-Blick. 912, Sengokuhara, Hakone, Kanagawa Pref. 250-06, Tel. 04 60-4 65 77, Fax 4 65 78, 12 Zimmer, Untere Preisklasse

Gartenlandschaften, die sich hinter den Schiebefenstern verbergen: Bonsai, Steinlaternen, allerlei filigran manikürte Gewächse und Wasserbecken, in denen rotgoldene Karpfen schwimmen. Das heiße Bad vor dem Dinner, entweder in der eigenen Wanne oder im Gemeinschaftsbecken, dient der Entspannung. Danach hüllt man sich in einen Yukata, einen baumwollenen weißblauen Kimono, und schreitet zum inzwischen gedeckten Tisch in seinem Zimmer. Nach dem Mahl räumt die Hostess ab und rollt das Bett, den Futon, auf dem Boden aus. Das japanische Frühstück mit Räucherfisch, sauer eingelegtem Gemüse, getrockneten Algen und Reis ist sicherlich nicht jedermanns Sache, aber in einigen Ryokan gibt es auf Wunsch auch Brot, Eier und Schinken.

Um individuell in diesen Ryokans zu buchen, empfiehlt es sich – der Sprache wegen –, eine japanerfahrene Reiseagentur zu kontaktieren. Insgesamt stehen in Japan etwa 80 000 Ryokans, von denen allerdings nur ein stetig kleiner werdender Teil den alten Stil aufrechterhält, zur Verfügung. Der überwiegende Teil ist modern in unserem Sinne. Gering ist allerdings die Zahl der Herbergen, die Ausländer akzeptieren. Das hat weniger mit Diskriminierung zu tun als mit den Problemen, die aufgrund von Verständigungsschwierigkeiten und fremden Sitten entstehen.

Die zweite und relativ preiswerte Möglichkeit, japanisch zu übernachten, besteht im **Minshuku**. So werden in der Regel Privatpensionen bezeichnet, deren Preis bei 5000 Yen pro Person liegt, inklusive zwei Mahlzeiten. Im Gegensatz zum Ryokan spielt der Service im Minshuku eine viel geringere Rolle. Man muß beispielsweise sein Bett selbst machen, selbst aufräumen und das Bad mit den anderen Gästen teilen. Der Vorteil dieser Unterkünfte liegt zweifelsohne darin, mit japanischen Reisenden beim gemeinsamen Mahl am großen Tisch in Kontakt zu kommen.

Wer im japanischen Stil absteigen will, sollte daran denken, daß man tagsüber in den Ryokans nur auf dem **Tatami-Boden** entspannen kann und daß in den Minshuku sogar erwartet wird, das Haus gegen zehn Uhr morgens zu verlassen und nicht vor 16 Uhr wieder aufzutauchen.

Hotels sind bei den einzelnen Orten im Kapitel »Sehenswerte Orte und Ausflugsziele« beschrieben.

Preisklassen

Wenn nicht anders angegeben, beziehen sich die Preise auf die sogenannten **rack rates**, die man für ein Doppelzimmer in Hotels bezahlt, wenn man es direkt bucht. Gesamtkosten, inkl. Speisen und Getränke, pro Person unter 15 000 Yen plus 3 % Tax; bei mehr als 15 000 Yen werden 6 % berechnet. Hotels berechnen außerdem Service Charge zwischen 10 und 20 %.
Luxusklasse ab 30 000 Yen
Obere Preisklasse bis 30 000 Yen
Mittlere Preisklasse bis 20 000 Yen
Untere Preisklasse bis 10 000 Yen

27

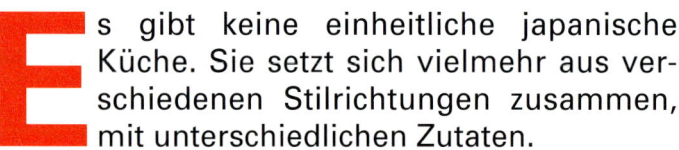

JAPAN ERLEBEN

Es gibt keine einheitliche japanische Küche. Sie setzt sich vielmehr aus verschiedenen Stilrichtungen zusammen, mit unterschiedlichen Zutaten.

Keine andere Küche der Welt bietet so leichte und fettlose Kost, so harmonisch zusammengestellte Aromen und Konsistenzen und so filigran-niedlich angerichtete Speisen wie die klassisch japanische Küche. Sie ist eine raffinierte Kunst, die Auge und Gaumen gleichermaßen erfreuen soll.

Diese sogenannte **Kaiseki-Küche** wurde bereits im 15. Jahrhundert in Japans Zen-Tempeln, wo man Fleisch mied, vervollkommnet und gilt bis heute als höchster aller Sinnesgenüsse –

jedenfalls dem Japaner, der auf Form und Schönheit viel größeren Wert legt als auf den Inhalt. Sehr wichtig ist auch die Mitteilung oder Stimmung, die einzelne Speisen im Zusammenhang mit dem gesamten Rahmen ausdrücken. Beispielsweise bei einem Menü, welches mit saisonalen Ingredienzen und Verzierungen so angerichtet wird, daß es an Bäume, Berge, Flüsse und Blumen der japanischen Landschaft im Frühling erinnert, während im Speiseraum Rollbilder und/oder Blumengestecke

Die Eßsitten schaut man am besten den Japanern selbst ab

auf den Wechsel der Jahreszeiten hinweisen. Diese spezielle Küche wird in den sogenannten **Kaiseki-Ryori-Restaurants** zelebriert, in denen manchmal Geishas für die Unterhaltung der Gäste sorgen. Um sie zu besuchen, benötigt man eine Einladung eines bereits dort eingeführten Japaners. In den besten Ryokans des Landes wird ebenfalls Kaiseki serviert. Dem Westler hingegen, der mit japanischen Attitüden nicht vertraut ist, mögen diese winzigen Happen in den Schüsselchen und Schälchen, in denen er oft nicht einmal die ursprüngliche Zutat erkennt, völlig überteuert erscheinen. Wo sonst zahlt man schon mehr als 350 DM pro Nase ohne Getränke und wird nicht einmal richtig satt. Doch keine Angst, Japans Restaurants bieten auch demjenigen mit normal gefülltem Geldbeutel sowie dem Budgettraveller jede Menge Köstlichkeiten. Selbst Kaiseki bekommen Sie in einigen Restaurants für 50 bis 70 DM. Allerdings nur in Miniausgabe zum Lunch.

Eine Kunst für sich – Essen gehen in Japan…

Das größte Problem, mit dem sich der Reisende ständig konfrontiert sieht, ist die Bestellung. Denn die Menükarten außerhalb der **Western-Style-Hotels** verzeichnen ihre Gerichte nur auf japanisch. Abhilfe schaffen jedoch meist die aus Plastik geformten Speiseskulpturen in den Vitrinen, die auch mit Preisen versehen sind. Man schnappt sich also den Kellner mit einem höflichen **Sumimasen** (»Entschuldigen Sie bitte«), sagt **Sho-uindo no yo na**, womit Sie ihm mitteilen, daß Sie etwas in der Vitrine (»show window«) entdeckt haben. Dann gehen Sie mit ihm hin und zeigen auf das Gewünschte mit einem **Are o kudasai**, wenn es hinten, oder **Kore o kudasai**, wenn es vornan liegt. Da oft auch die Preise in japanischen Zeichen angegeben sind, lohnt es sich, die Zahlen von eins bis zehn zu lernen. Auf Rechnungen werden meist drei Prozent Steuern aufgeschlagen. Trinkgeld gibt man weder im Restaurant noch sonst irgendwo! Größten Eindruck erwecken Sie bei den Japanern, wenn Sie mit Stäbchen geschickt hantieren können.

Wer nicht jeden Tag einheimische Kost essen will, findet in den Großstädten auch jede Menge europäischer Speisestätten. Ausgesprochen teuer, etwa 100 DM pro Gericht, sind Steaks in den Hotels, außerdem französische, oft auch italienische Lokale. Aber auch unter diesen finden sich preiswerte. Natürlich bieten auch **McDonalds, Wendy's** und Konsorten ihr Fast food an. Höchst interessant sind die kulinarischen Abteilungen der großen Warenhäuser. Im **Department Store Isetan** in Tokios Stadtteil **Shinjuku** zum Beispiel werden auf zwei Etagen Eßwaren aus aller Welt angeboten und zum Teil frisch zum sofortigen Verzehr zubereitet. Allein der Anblick all dieser Köstlichkeiten läßt

JAPAN ERLEBEN

einem das Wasser im Mund zusammenlaufen. Besser also, nicht mit leerem Magen dorthin zu gehen.

Noch ein Tip: Frühstück im Hotel ist in der Regel schwindelerregend teuer. Fast immer gibt's aber in der Nähe preiswerte Coffeeshops, die belegte Brötchen, Croissants, Säfte etc. anbieten.

...aber auch das Trinken will gelernt sein!

Getrunken wird in Japan überwiegend Bier, **Sake** – ein leichter Reisschnaps – und Whisky. Die beiden letzteren am liebsten aus vollgeschenkten Wassergläsern und einem Schluck **Kampai!** Denn nur wer ein rechter Schluckspecht ist, zählt als vollwertiges Mitglied der Gesellschaft – der männlichen versteht sich. Das Preisniveau der Getränke liegt im allgemeinen über dem unserer Abendlokale. Wer sparen will, kann sich an den Getränkeautomaten versorgen, die buchstäblich an jeder Ecke stehen und eine große Auswahl an Softdrinks (110 Yen), Bier (350 Yen) und oft auch hochprozentigen Alkoholika bieten. Auch Kaffee und Tee, heiß oder kalt, gehören zum Sortiment (110 Yen). Die Japaner sind zwar traditionell keine Kaffeetrinker, trotzdem gibt's zum Beispiel in Tokio inzwischen mehr schicke Cafés und Kaffeehäuser als in jeder europäischen Stadt (pro Tasse mindestens 5 DM, kann aber auch mal 20 DM kosten).

Eine Essenseinladung und was man dabei beachten sollte

Wenn Sie ohne vorherige Vereinbarung gemeinsam mit japanischen Freunden in einem Lokal landen, versuchen Sie am besten erst gar nicht, die Rechnung zu übernehmen. Falls Sie indes unbedingt darauf bestehen, gehen Sie sofort nach Beendigung des Mahls unauffällig an die Kasse und zahlen. Es könnte dann allerdings sein, daß Ihre Freunde etwas säuerlich reagieren. Sind Sie zum Essen im Restaurant eingeladen, überlassen Sie Ihrem Gastgeber die Auswahl. Falls Sie dann später irgend etwas nicht mögen, ignorieren Sie es einfach und konzentrieren sich auf den Rest. Die Eßsitten bei Tisch guckt man sich am besten vom Gegenüber ab. Sicherlich wird Ihnen aber auch der Gastgeber behilflich sein, falls es etwa mit den Stäbchen noch nicht so klappt. Sind Sie der Ehrengast und haben japanische Damen am Tisch, so werden Ihnen diese die Häppchen auf den Teller laden. Versuchen Sie aber bitte nicht, die freundliche Geste zu erwidern. Einen »Guten Appetit« wünscht man sich mit **itadakimas'**, und hinterher sagt man mit einer leichten Verbeugung zum Gastgeber **gochiso-sama-desh'ta**, was soviel wie »das war ein Fest« oder »vielen Dank für das Essen« bedeutet.

Wenn alkoholische Getränke serviert werden, hebt man sein Glas zum Füllen und trinkt einen

Schluck, bevor man es auf den Tisch setzt. Werden Sie von japanischen Freunden aus deren Flasche mit Sake oder Whisky bedient, bieten Sie ihnen nach einer Weile an nachzuschenken. Idealerweise schenkt sich niemand sein eigenes Glas voll, egal, wer die Flasche bezahlt. Die Japaner sind nicht unbedingt die Trinkfestesten, dennoch gehört Trinken zum guten Ton. Eine sehr freundschaftliche Geste ist das Angebot des Japaners, aus seinem Glas zu trinken. Weisen Sie es möglichst nicht zurück. »Prost« heißt übrigens **kampai**. Leere Gläser bedeuten für den Kellner, automatisch für Nachschub zu sorgen. Wollen Sie nichts mehr trinken, lassen Sie einen kleinen Rest im Glas.

Ist man abends ohne japanische Begleitung unterwegs, passiert es häufiger, daß einem der Zutritt zu Lokalen verwehrt wird. Das ist keine Touristen-Diskriminierung, sondern beruht auf der Angst des Patrons, daß der **Gaijin** (der Fremde) mit den japanischen Gepflogenheiten nicht vertraut ist und im Lokal nicht allein zurechtkommt. Akzeptieren Sie den Verweis einfach, und versuchen Sie es beim nächsten. Viele Trinkstätten werden außerdem wie Clubs geführt, so daß man eine offizielle Einführung seitens eines Stammgastes benötigt. Merkwürdig mag Ihnen erscheinen, daß ein »Gentlemanlike-Verhalten« in Japan überhaupt nicht angebracht ist. Man hilft weder Damen in den Mantel, noch öffnet man ihnen die Tür oder bietet einen Platz an. Damit bringen Sie die Schwestern Nippons nicht nur in größte Verlegenheit, sondern deuten damit auch an, daß Sie sie für körperlich schwach halten.

Die Kunst des Teetrinkens wird in Japan an zahlreichen Schulen unterrichtet

Die japanische Küche – exotisch und abenteuerlich

Die japanische Küche ist sehr vielfältig und weist die unterschiedlichsten Stilrichtungen auf, wozu man wissen muß, daß die Restaurants sich jeweils nur auf eine Zubereitungsart spezialisieren.

Fugu: So heißt der Kugelfisch auf japanisch – sicherlich das exotischste und abenteuerlichste Gericht in diesem Land; und zwar deshalb, weil eine unsachgemäße Zubereitung mit Sicherheit den Tod des Konsumenten nach sich zieht. Fugu-Köche benötigen nicht nur eine jahrelange Ausbildung, sondern auch eine spezielle Lizenz von der Regierung. Kein Wunder also, daß diese Spezialität horrend teuer ist. Frische Kugelfische, entweder in roher Form oder im Eintopf mit Gemüse, gibt's im Winterhalbjahr.

Kaiseki: Die Königin der japanischen Kochkunst basiert auf den vier Jahreszeiten. In ihrer vollendetsten Form genossen – wobei sogar die Schälchen mit größter Sorgfalt ausgesucht werden, um Farbe, Form und Konsistenz jedes Happens zu unterstreichen –, kann der Spaß mehrere Stunden dauern und mehrere hundert DM kosten.

Okonomiyaki: Wörtlich übersetzt heißt das »wie es euch gefällt«. Die meist winzigen Lokale sind für Ausländer ohne Sprachkenntnisse von draußen nur am Geruch von Fettgebratenem zu erkennen. Hier brutzelt man am Tisch selbst – und zwar eine Art Pizza aus geraspeltem Weißkohl mit Fleisch oder Fisch und Ei angerührt. Das schmeckt köstlich und kostet meist auch weniger als 7 DM.

Ramen: eine Nudelsuppe, die aus China stammt. Sie wird in großen Suppenschalen mit Gemüse, Fleisch oder Meeresfrüchten serviert. **Ramen-Shops** sind leicht an ihren roten Zeichen, den blitzenden Glühlampen und den ausgestellten Suppentöpfen aus Plastik im Schaufenster zu erkennen (sehr preiswert).

Robatayaki: Diese Bezeichnung verweist auf Lokale, in denen Fleisch, Meeresfrüchte, Fisch und Gemüse auf einem **Robata-Grill** zubereitet werden. Meist sind diese Restaurants sehr rustikal im nostalgischen Landhausstil eingerichtet. »Show windows« gibt es hier nicht, man guckt am einfachsten auf den Nachbartisch und bestellt, was einem am besten gefällt.

Sashimi: Das bedeutet einfach roher Fisch. Meist werden verschiedene Arten in kleinen Scheiben auf einer Platte angerichtet. Zu den leckersten zählen Lachs oder Thunfisch, die überhaupt nicht nach Fisch schmecken, sondern auf der Zunge zergehen wie Butter. Dazu werden Sojasauce und **Wasabi** (grüne Rettichpaste) gereicht.

Shabu-Shabu: unterscheidet sich von **Sukiyaki** eigentlich nur durch die klare Fleischbrühe, in die man das Fleisch nur wenige Sekunden dippt.

Sukiyaki: eine Art Fondue mit hauchdünnen Rindfleischscheiben (und Gemüse), die am Tisch in eine kochende Brühe aus Sojasauce, Fleischfond und Sake getaucht werden.

Sushi: Inzwischen auch bei uns sehr beliebte kalte Reisklößchen mit einem Stück rohen Fisch (Thunfisch, Flunder, Meerbrasse, Lachs, Oktopus, Tintenfisch), mit Meeresfrüchten (Garnelen) oder Omelett obendrauf. Die länglich geformten Teilchen mit getrocknetem Algenblatt drumherum heißen **Temaki**, die runden **Makisushi**. Dazu rührt man in einem Schälchen Sojasauce und **Wasabi** zusammen, in die die Häppchen eingedippt und dann in einem Stück verzehrt werden. Sushis dürfen Sie mit den Fingern essen.

Tempura: stammt ursprünglich von den Portugiesen, die im 16. Jahrhundert den Weg nach Japan fanden. Tempura besteht aus Zutaten wie Garnelen, Tintenfisch, Auberginen, Süßkartoffeln, Lotuswurzeln, Pilzen etc., die in einem Ei-Wasser-Mehl-Teig fritiert und dann in die dazu gereichten Saucen getunkt werden.

Teppanyaki: Der Begriff bezeichnet die Küche eines japanischen Steakhauses, in dem der Koch das Fleisch direkt auf der heißen Platte am Tisch zubereitet. Seine Kunst, die scharfen Messer zu schwingen, ist ein Erlebnis für sich.

Yakitori: Lokale mit diesen sehr preiswerten Spezialitäten sind an der roten Laterne über der Eingangstür zu erkennen. Serviert werden überwiegend Stücke vom Huhn und Gemüse, die vor dem Grillen in süße Sojasauce getaucht wurden. Das Essen gilt hier eigentlich nur als Trinkbeilage. Oft geht es in diesen Lokalen abends sehr feuchtfröhlich zu.

Restaurants sind bei den einzelnen Orten im Kapitel »Sehenswerte Orte und Ausflugsziele« beschrieben.

Preisklassen

Die Preise beziehen sich jeweils auf ein Menü ohne Getränke und Steuern.
Luxusklasse ab 5000 Yen
Obere Preisklasse bis 5000 Yen
Mittlere Preisklasse bis 3000 Yen
Untere Preisklasse ab 1500 Yen

Kunstvolle Zuckerbäckerei im Stil der Kaiseki-Küche

JAPAN ERLEBEN

Eßdolmetscher

Die jeweils rechts angegebenen Begriffe sind Transskriptionen der japanischen Aussprache.

A

Aal: Unagi
Aal mit Reis und Sojasauce: Una Don
Apfel: Ringo
Aprikosen: Ansu
Aubergine: Nasu
Auster: Kaki

B

Bier: Biru
Birne, japanische: Nashi
Brot: Pan
Butter: Bata

C

Cola: Kora
Curry mit Reis: Kare Raisu

D

Dorsch: Tara

E

Ei: Temago
Eintopfgerichte: Nabemono
– *mit Austern:* Kaki Nabe
– *mit Lachs:* Isihkari Nabed
– *mit gemischten Zutaten:* Yose Nabe
Eiskrem: Aisu Kuriimu
Ente: Ahiru

F

Fisch: Sakana
Fischgericht mit Reis: Chirashi Zushi
Fleischgericht, geschmort: Nikomi
Forelle: Masu
Frühlingsrolle: Harumaki
Frühlingszwiebel: Naganegi
Frühstück: Choschocku

G

Gegrillte Fleischstückchen: Kushiyaki
Gegrilltes Hühnchen: Yakitori
Gingkonuß: Ginnan

H

Hering: Nishin
Herz: Hatsu
Hühnerfleisch: Toriniku
Hummer: Ise Ebi

K

Kaffee: Kohii
Karpfen: Koi
Kartoffel: Jagaimo
Kartoffel, süße: Satsumaimo
Knoblauch: Ninniku
Krabben: Kuruma Ebi
Krake: Tacke
Kugelfisch: Fugu

L

Lachs: Schacke
Lammsteak: Ramu Suteki
Leber: Reba

M

Makrele: Saba
Meerbrasse: Tai
Milch: Miruku
Milchkaffee: Kafe Or

N

Nudeln (aus Buchweizen): Soba
Nudeln (aus Weißmehl): Udon

O

Orangensaft: Orenji Jusu

P

Pfirsich: Mommo
Pilze: Shjiitake
Porree: Neggi

R

Reis mit Huhn und Ei: Oyako Don
Reis mit Schwein und Ei: Tanin Don
Reis, gebacken: Tschahan
Reis, gekocht: Gohan
Reisbällchen: Onigiri
Reisomelette: Omuraisu
Rind: Gyuniku

S

Sake: Osake
Sardine: Iwaschi
Schinken, roh: Nama Hamu
Scholle: Kalleh
Schrimps: Ebi
schwarzer Tee: Kocha
Schweinefleisch, paniert: Tongatsu
Schwertfisch: Kajiki

Seezunge: Hirame
Sojabohnen: Daisu
Sojabohnenpaste: Miso
Sojabohnensprossen: Mojaschi
Spinat: Hokensso
Suppe mit Ei: Tamago Supu
Suppe mit Seetang: Wakame Supu
Sushi mit Thunfisch: Tekka Zushi

T

Tang: Wackame
Tee (chinesischer Oolong): Uroncha
Tee (grün): Sencha
Tee mit Milch: Miruku Tii
Tee mit Zitrone: Remon Tii
Thunfisch: Magulo
Tintenfisch: Ika
Tofu, gegrillt: Tofu no Suteki
Tofu, gekocht: Yu Dofu
Tomatensaft: Tomato Jusu

W

Wachtel: Uzura
Walnüsse: Kullumi
Wassermelone: Suika
Weintrauben: Budoh
Weizen: Mugi

Z

Zucker: O-Sato
Zwiebel: Tamanegi

DER BESONDERE TIP

Let's Eat Out In Buchläden mit englischer Literatur finden Sie in Japan dieses Büchlein, das, nach den verschiedenen Küchen unterteilt, die jeweiligen Begriffe enthält, dazu einfache Erklärungen, wann man etwas warum anwendet. Und für denjenigen, der mit der Aussprache Probleme hat, ist jeder Begriff auf japanisch notiert. Gegebenenfalls zeigt man dem Kellner das Gewünschte im Buch.

Wäre da nicht der starke Yen, man könnte in einen Kaufrausch geraten. Dennoch – manches ist preiswerter als daheim.

Einkaufen in Japan macht riesigen Spaß, und auch für die Einheimischen ist der Shoppingbummel das Freizeitvergnügen Nummer eins, weshalb sich in den späten Nachmittagsstunden und mehr noch am Sonntag Massen von Menschen durch die Geschäftsstraßen schieben. Vielleicht ist Tokio sogar die einzige Metropole weltweit, wo am Wochenende mehr Leute unterwegs sind als an den übrigen Tagen. In der Hauptstadt werden einige Boulevards wie **Chuo Dori** in Ginza oder **Omotesando** in Harajuku an Sonntagen für Autos gesperrt. Da wird promeniert und anhand hübscher Tüten gezeigt, wie das Geld angelegt wurde.

Kleidung, Schuhe, Elektronika

Was lohnt sich zu kaufen? Eine wirklich schwierige Frage, denn es gibt nichts, was es nicht gibt. Sieht man einmal davon ab, daß sich die Bekleidungs- und Schuhindustrie auf kleine Größen spezialisiert hat. Wer als Frau mehr als Größe 38 (bei Schuhen 37) und als Mann mehr als Größe 48 (Schuhgröße 41) benötigt, hat Schwierigkeiten, Passendes zu finden. Komisch eigentlich, denn die jüngere Generation der Japaner (zumindest der städtischen Bevölkerung) dürfte durchschnittlich fast genauso groß gewachsen sein wie die unsrige. Selbst Schwergewichtige fallen immer häufiger auf.

Typisch japanisches Souvenir: handbemalte Fächer

Einkaufs- und Vergnügungsviertel Shinjuku am Abend

JAPAN ERLEBEN

Wer entsprechend zart gebaut ist und sich für Mode interessiert, sollte sich bei den japanischen Designern wie **Yamamoto**, **Issey Miyake** oder **Hanae Mori** umschauen, deren Preise hier etwa zehn Prozent niedriger liegen als daheim. Kreationen westlicher Modeschöpfer – und sie sind alle hier vertreten – kosten ungefähr das gleiche.

Elektronika und Kameras »made in Japan« sind zehn bis zwanzig, in Secondhand-Läden sogar dreißig bis vierzig Prozent günstiger. Doch man sollte die Zollgebühren nicht vergessen.

Vom Feinsten: japanisches Kunsthandwerk

Kommen wir zu den »typisch« japanischen Produkten wie Kimonos, Lack- und Papierwaren (auch Schirme oder Fächer), Geschirr, Seide und ähnliches. Die Qualität dieser Waren ist um Klassen besser als die der bei uns erhältlichen. Entsprechend hoch sind auch die Preise. Für handgewebte Seidenkimonos zum Beispiel, die man in Japan nur zu besonderen Festen trägt, muß man zwischen 5000 und 100 000 (!) DM hinlegen. Interessant freilich sind die Ausverkäufe, die auch in englischsprachigen Zeitungen annonciert werden. Da kann man für 150 bis 500 DM echte Schnäppchen machen. Handgemalte Fächer oder Schirme indes werden so gut wie nie verscherbelt, weil sie meist nur auf Bestellung angefertigt werden. Kostenpunkt 200 bis 4000 DM; alles, was darunter liegt, ist Massenware. Die schönen Lack-, Keramik- und Porzellanarbeiten stammen ebenfalls aus Manufakturen und lassen einen Preisvergleich mit Produkten von Hutschenreuther oder Villeroy & Boch zu. Es gibt jedoch viel maschinell Gefertigtes, was hübsch aussieht und bei weitem nicht so teuer ist.

DER BESONDERE TIP

Traditionelle Geschäfte Sowohl in Tokio als auch in Kyoto gibt's eine Reihe von Geschäften mit angeschlossenen Manufakturen, die z.T. bereits seit vielen Generationen bestehen. Da werden beispielsweise Zuckerwerk, Nudeln oder Reiscracker gefertigt, Indigostoffe, Fächer, Seide oder Kimonos. Um sie zu finden, kaufen Sie sich am besten vor Ort die englischsprachigen Taschenbücher »Old Tokio« bzw. »Old Kyoto«, in denen diese Shops beschrieben und auf Karten vermerkt sind.

In den **Handicraft Centre** genannten Läden von Tokio und Kyoto finden Sie über mehrere Stockwerke japanisches Kunsthandwerk. Sehr schön sind die **Kabuki-Puppen** und die farbigen Holzschnitte. Einige stammen aus dem letzten Jahrhundert von so berühmten Künstlern wie **Hiroshige, Kuniyoshi** oder **Kunisada** und kosten je nach Qualität zwischen 300 und 1500 DM. Interessant sind auch die alten Kalligraphien. Kauft man für über 10 000 Yen ein, entfällt die Steuer; allerdings darf man nicht vergessen, zur Erstattung im Geschäft den Paß vorzulegen. Gehandelt wird nirgendwo.

Die Geschäfte sind im allgemeinen täglich von 10 bis 18 oder 19 Uhr geöffnet. Ins Auge fällt an allen touristisch interessanten Plätzen die Vielzahl von Souvenirläden mit einem fast unvorstellbar großen Angebot an Kitsch. Unvorstellbar deswegen, weil die Japaner bei uns eigentlich als Verfechter von Qualität und Schönheit gelten.

Kunstvolle Verpackung

Als umweltbewußter Tourist werden Sie in Japan auf völliges Unverständnis treffen, wenn Sie beim Kauf von Waren auf die Verpackung verzichten. Egal, was Sie erstehen, alles wird liebevoll mit schönem Papier umhüllt und verschnürt, daß es eine wahre Pracht ist. Wenn Sie einem Japaner ein Geschenk machen wollen – und sei es auch nur die kleinste Schachtel mit Süßigkeiten –, lassen Sie der Verkäuferin Zeit mit ihrem kunstvollen Geknote. Denn die Verpackung ist für den Japaner genauso wichtig wie der Inhalt.

Die hübsche Verpackung ist wichtig: Sake in einem Laden in Kyoto

Touristenkinder aus Europa sind in Japan die Ausnahme. Dabei müssen Eltern nicht befürchten, daß sie mit den Kleinen nichts anfangen können. Im Gegenteil!

Japaner sind nicht nur kinderlieb, sie haben auch zahlreiche Einrichtungen geschaffen, um für Kinder Abwechslung zur engen Behausung und den teilweise arg begrenzten Spielmöglichkeiten auf der Straße zu schaffen. Weil die japanischen Frauen nach der Hochzeit in der Regel nicht mehr arbeiten, nehmen sie sich die Zeit, mit den Knirpsen Spielplätze, spezielle Museen, Zoos und Parks zu besuchen. Da Kinder normalerweise untereinander keine Verständigungsprobleme haben, kann man die Kleinen, wenn sie leicht Freundschaft schließen, mit den japanischen Kindern an diesen Plätzen zusammenbringen.

Wie wichtig Kinder jeden Alters genommen werden, erkennt man auch daran, daß ihnen im englischsprachigen **Tokyo Journal** eine eigene Seite mit Adressen und Veranstaltungen gewidmet wird.

Auch im Festivalkalender stehen alljährlich religiöse Ereignisse, die auf das Wohlergehen der Kleinen gemünzt sind, beispielsweise die **Shichi-go-san Zeremonie** im November in den Schreinen.

Japanische Festivals sind auch für Kinder ein Riesenspaß

In Tokio:

Transportmuseum
(Tobu Hakubutsukan) ■ F 3
Eine Ausstellung von Eisenbahn-
und Busmodellen sowie einer elek-
trischen Straßenbahn von 1928.
Einige Modelle können »befahren«
werden.
Tel. 36 14-88 11
U-Bahn: Higashi Mukojima
Di–So 9–16.30 Uhr

Flugdrachen-Museum
(Otako kaikan) ■ F 4
Meisterwerke aus Papier und
Kunststoff aus Japan und anderen
Ländern. Etwa 300 verschiedene
Modelle von Flugdrachen.
Tako no Hakubutsukan
Tel. 3271-24 65
U-Bahn: Nihonbashi
Tgl. 9.30–16.30 Uhr, So geschl.

National Children's Castle
(Kodomo no Shiro) ■ B 6
Hier gibt's Spielplätze, Bastelräume,
ein Kochstudio und sogar ein
Schwimmbad. Dazu jeden Monat

besondere Kinderveranstaltungen.
Auf Aoyama Dori in 5-53-1
Jingumae, Shibuya-ku
Tel. 3797-56 66
U-Bahn: Omotesando, Exit 2
Mo–Fr 13–17.30, Sa–So 10–17.30 Uhr

Science Museum
(Kagaku Gijutsukan) ■ E 3
400 Maschinen und Ausrüstungs-
stücke repräsentieren wissenschaft-
liche und industrielle Technologie,
ebenso Weltraumforschung und
Atomenergie.
Kitanomaru Koen, Chiyoda-ku
Tel. 3213-84 71
U-Bahn: Takebashi
Di–So 9.30–16 Uhr

Ueno-Zoo ■ F 1
Die Pandabären sind die größte
Attraktion des Zoos, aber es leben
hier nicht nur jede Menge Tiere
hinter Gittern, einige dürfen die
Kinder auch streicheln.
Ueno-Park
U-Bahn: Ueno
Di–So 9.30–16 Uhr

DER BESONDERE TIP

Disneyland Das Phantasieland für groß und klein steht
seinen amerikanischen Originalen in nichts nach. Zu
den heißesten Attraktionen gehören **Big Thunder
Mountain**, eine Achterbahn, **Captain EO**, eine drei-
dimensionale Weltraumstation, und **Star Tours**, in dem Besucher durch das Star-Wars-Universum geflogen werden. Tgl.
8.30–22 Uhr (im Sommer) bzw. 9–21 Uhr (im Winter); Anreise
mit dem »Tokyo Disneyland Shuttle« in 10-Minuten-Intervallen
von Tokyo Station, Haltestelle hinter dem Tekko Building auf der
Yaesu-guchi-Seite oder von Ueno Station, Haltestelle Ausgang
Irya; Eintritt 4–11 Jahre 3000 Yen; 11–14 Jahre 4000 Yen;
Erwachsene 4400 Yen

Wer glaubt, daß die Japaner nur ihre Arbeit im Kopf haben, der liegt falsch. Der Freizeitspaß nimmt einen genauso hohen Stellenwert ein…

Das merkt man spätestens am Abend, wenn sich Zigtausende **Sarari** (Lohnarbeiter, Angestellte) durch die gigantischen Vergnügungsviertel drängen. Hamburgs Reeperbahn wirkt gegenüber Tokios **Roppongi** oder **Shinjuku** geradezu einschläfernd provinziell. Am Wochenende werden die großen Bahnhöfe Tokios zu Laufstegen der Sportmode. Welchen Sport die Japaner auch betreiben, ob Golf oder Tennis, Radrennfahren oder Fischen, Bergsteigen, Wandern oder Skifahren, Kendo, Judo oder Bogenschießen: Sie sind ausnahmslos vorschriftsmäßig und makellos gestylt und mit dem feinsten Equipment ausstaffiert, um das sie jeder Profisportler beneiden könnte.

Besonders erfolgreich ist die Golfindustrie. Mehr als zehn Millionen Japaner besitzen inzwischen einen Satz Schläger und die entsprechende Kleidung. Nur fünfzehn Prozent von ihnen gehören indes den gut 1200 privaten Golfclubs an, der Rest übt sein Leben lang lediglich den Anschlag auf mehrstöckigen **Driving Ranges**, die aussehen wie überdimensionale grüne Käfige.

Seit Kaiser Hirohito 1922 das Tennisspiel einführte und erst recht, seit sein Sohn Akihito, der jetzige Tenno, seine Frau Michiko auf dem Tennisplatz kennengelernt hat, genießt der weiße Sport ein wahrhaft aristokratisches Image. Leider sind die Plätze so knapp, daß man schon Monate im voraus buchen muß. Als sportlich aktiver Tourist bleibt einem meist nur Joggen im Park, Krafttraining oder Schwimmen in den Hotels, Wandern im Gebirge oder im Winter auch Skifahren.

Auch die unsportlichen Japaner stürzen sich geradezu besessen ins Freizeitvergnügen. Das fängt bei abendlichen Besuchen von **Karaoke-Bars** an und endet bei Aufführungen traditionellen japanischen Theaters, wie **Kabuki**, **Noh** oder **Bunraku**. Dazwischen liegen Visiten in den Hostessen-Bars, Glücksspiele wie **Pachinko**, Tempel- und Schreinfestivitäten, Baden in den heißen Quellen, Galerie- und Museumsbesuche und, vor allem für die junge Generation, Popmusikveranstaltungen. Für den ausländischen Gast bedeutet das: Was immer er besucht, Hunderte von Einheimischen besuchen es mit ihm. Selbst in den abgelegensten Gegenden wundert man sich manchmal, wieviel Gleichgesinnte hier doch noch unterwegs sind.

Die Leuchtreklame zeigt es: Sport und Kommerz gehören in Japan zusammen

Wahrscheinlich gibt es kein anderes Land der Welt, in dem so häufig Festivitäten solchen Ausmaßes stattfinden wie in Japan.

Kein Dorf, keine Gemeinde, keine Stadt nimmt nicht wenigstens einmal pro Jahr die Gelegenheit wahr, ein bedeutendes Ereignis in ihrer jahrhundertealten Geschichte wieder aufleben zu lassen oder übernatürlichen Mächten ihre Dankbarkeit zu erweisen. So vergeht in Japan kaum ein Tag, ohne daß irgendwo ein **Matsuri** (»Verehrung«, »Messe«) zelebriert oder aus einem anderen speziellen Anlaß ausgiebig und fröhlich gefeiert wird. Die meisten Festivitäten finden in und um **Shintoschrei**-ne statt. Man huldigt damit der oder den Gottheiten, die in diesen Schreinen verehrt werden und die an diesen gewissen Tagen zur Erde herabsteigen. Während es also fast so viele Feste wie Shintoschreine gibt, sind buddhistische Feierlichkeiten relativ selten.

Zu einem typischen Festival gehören Paraden, oft mit altertümlich kostümierten Beteiligten, mit **Dashi** (Festwagen), traditioneller Musik und kleinen, tragbaren **Mikoshi** (Schreinen). Letztere werden von enthusiastischen

Uralte Bräuche werden bei japanischen Festen lebendig

Teilnehmern auf den Schultern getragen, die das Spektakel mit rhythmischen Rufen »Sai-rei!Sai-ryo« untermalen. Diese Träger sind mit hüftlangen, blauweißen **Happycoats**, sehr kurzen Shorts, Stirnband und Strohsandalen bekleidet. Manche Feste existieren mit wenigen Unterbrechungen bereits seit über tausend Jahren, wie zum Beispiel das **Aoi Matsuri** in Kyoto oder das **Tenjin Matsuri** in Osaka.

Jede Gesellschaftsschicht, von den Aristokraten bis zu den Bauern, hat – selten auf profanen, meist auf religiösen Grundlagen – ihre eigenen Feste und Rituale aufgebaut, die zum großen Teil noch immer begangen werden. Der heutige Volksglaube hat seine Wurzeln in der pantheistischen Religion, wo Elemente der Natur (Berge, Bäume, Tiere) zu Gottheiten erhoben und die Launen der Natur (wie auch bei den Griechen, Römern und Germanen) Aktionen der Götter zugesprochen wurden. Prophetische Zeichen, Weissagungen, Beschwörungen und symbolische Bedeutungen wurden entwickelt, die sich in Glaube und Brauchtum festgesetzt haben. Für uns »Gaijins« ist es daher schwer, die Bedeutung und Ausführung der Festivitäten wirklich zu begreifen. Dennoch sind die Veranstaltungen grandiose, eindrucksvolle Spektakel, für die es sich lohnt, ein oder zwei Tage einzuplanen.

Eine Zeit feucht-fröhlicher Parties in den Gärten und Parks des Landes, mit Familienausflü-

Das berühmte Sanja Matsuri in Tokio: Die Begeisterung steigert sich bis zur Ekstase

gen zu Tempeln und Schreinen (um die Blütenstände zu diskutieren), ist die kurze **Zeit der Kirschblüte**. Sie beginnt Ende März in **Kyushu** und verlagert sich bis Mitte Mai in den Norden Japans nach **Hokkaido**.

Aus Platzgründen werden im folgenden nur einige der spektakulärsten, wichtigsten und größten Festivals genannt und kurz beschrieben. Wer mehr wissen möchte, sollte sich das Taschenbuch »Japanese Festivals« von Helen Bauer und Sherwin Carlquist zulegen oder in Japan das Büchlein »Festivals of Japan« kaufen. Viele der genannten Daten verschieben sich aufgrund des Mondkalenders von Jahr zu Jahr, abgesagt werden sie indes höchstens aufgrund schlechten Wetters.

Januar
Dezome Shiki
In farbenfrohe Kostüme aus der
Edo-Periode gekleidete Feuerwehr-
männer erklettern 5–7 m hohe
Bambusleitern und vollführen allerlei
Kunststücke in luftiger Höhe.
Tokio
Meiji-Schrein (Außengarten)
6. Januar

Wakakusayama Yaki
Priester des Todaiji und Kofukuji
setzen in der Nacht das trockene
Gras der Berghänge in Brand, und
ein Feuerwerk wird in den dunklen
Himmel gejagt: mit der Kofukuji-Pa-
gode im Vordergrund ein herrliches
Fotomotiv. Das Spektakel erinnert
an ein Ereignis vor mehr als tausend
Jahren, als der Zwist zweier Tempel
friedlich beigelegt wurde.
Bei Nara, am Fuße des Mount
Wakakusa
Mitte Januar

Februar
Mandorou
Die 3000 Laternen des Kasuga-
Schreins werden angezündet, um
den Frühling zu begrüßen und den
Weg für den Besuch der Seelen von
Verstorbenen zu erleuchten.
Nara
Anfang Februar

Hatusu-Uma Matsuri
Das Fest aus dem 9. Jh. ist den
Ernte-Gottheiten gewidmet. Tau-
sende von Pilgern und Zuschauern
versammeln sich in Kyotos Inari
Schrein und auch in anderen des
Landes. Die Zugangsstraßen sind
von Fuchs-Skulpturen gesäumt, die
die göttlichen Kuriere repräsentie-
ren, und überall werden Trommeln,
Glocken und Gongs geschlagen.
Kyoto und anderswo in Inari
Schreinen
Anfang Februar

Yuku Matsuri – Schneefestival
Größtes Fest von Hokkaido, an
dem mehrere Tage und Nächte lang
riesige Schneebauwerke und -skulp-
turen von Dämonen zu bewundern
sind.
Sapporo
Anfang Februar

März
O-Mizutori
Junge Burschen zünden am Abend
des 12. März riesige Fackeln an,
erklettern den Tempelhügel, stellen
sich rund um die Halle auf und
schwingen die Fackeln so, daß sich
ein Meer von Funken über den
Hügel ergießt. Das soll die bösen
Geister vertreiben. Um Mitternacht
wird heiliges Wasser von der Waka-
sa-Quelle, das heilende Wirkung
haben soll, unter die Leute verteilt.
Nara
Todaiji-Tempel
Erste Märzhälfte

Kasuga Matsuri
Prozession traditionell gekleideter
buddhistischer und Shinto-Mönche
mit uralten heiligen Tänzen.
Nara
Kasuga-Schrein
Mitte März

April
Takayama Matsuri
Begleitet von traditioneller Musik
zieht eine eindrucksvolle Parade mit
12 riesigen Festwagen, die das
Feinste von japanischem Kunst-
handwerk repräsentieren, durch die
hübschen Gassen von Takayama.
Takayama
Mitte April und Mitte Oktober

Mai
Dontaku Matsuri
In einer Reihe von Umzügen tum-
meln sich die verschiedensten Figu-
ren aus der Sagenwelt, Dämonen

und Götter, zu Fuß und zu Pferde. Auch viele Geishas sind während der farbenfrohen Festivitäten zu sehen.
Fukuoka, Kyushu
Anfang Mai

Aoi Matsuri

Eines der berühmtesten und ältesten Feste des Landes. In langer Prozession ziehen Leute in Kostümen aus der Heian-Zeit vom Alten Kaiserpalast zu Shimogamo- und Kamigamo-Schrein, um symbolische Geschenke und Zweige des Aoi-Baumes (Malve), die auf einem Ochsenkarren transportiert werden, zu überbringen. Der Umzug erinnert an die Zeit, in der der Kaiser den lokalen Gottheiten huldigte.
Kyoto
Mitte Mai

Toshogu-Schreinfestival

Man gedenkt des farbenfrohen Umzugs, mit dem die sterblichen Überreste des Shogun Tokugawa Ieyasu in dem ihm gewidmeten Schrein gebracht wurden.
Am ersten Nachmittag findet ein Wettbewerb berittener Bogenschützen statt, am zweiten eine 1000 Mann starke Prozession von kostümierten Samurai, Shinto-Priestern, Schrein-Helferinnen, Tänzern und Musikanten.
Nikko
Mitte Mai (auch am 17. Oktober)

Sanja Matsuri

Eines der berühmtesten Festivals von Tokio. Mehr als 100 tragbare Schreine werden auf den Schultern durch die um den Schrein liegenden Straßen und Gassen geschleppt. Ein feucht-fröhliches Spektakel, das eine Million Zuschauer anlockt.
Tokio
Asakusa Schrein
3. Maiwochenende

Juli

Gion Matsuri

Eines der größten Feste Japans, das auf das Jahr 869 zurückgeht, als Priester des Yasaka-Schreins mit prachtvollen Schreinen aufmarschierten, um göttlichen Schutz gegen die Pest zu erbitten. Umzüge mit reichgeschmückten Festwagen.
Kyoto
Mitte Juni

Tenjin Matsuri

Mehr als tausend Jahre alte Festivität mit Paraden von Schiffen auf dem Yodo, die mit Mikoshis beladen sind und die von vielen festlich geschmückten Booten begleitet werden.
Osaka
3. Juliwochenende

Sumida-gawa Hanasbi Taikai

Gigantisches Feuerwerk von mehreren Stunden über dem Sumida.
Tokio
Ende Juli

August

Neputa/Nebuta

Gewaltige Kabuki-Figuren aus Papier und Bambus werden durch die Straßen getragen. Sie sollen die Müdigkeit verscheuchen und die Menschen auf die Ernte vorbereiten.
Aomori, im Norden von Honshu
Anfang August

Bon-Odori

Überall in Japan werden in Schreinen und auf Plätzen Bühnen mit Laternen und Trommeln aufgebaut, um die herum das Volk mit und ohne Kostüme zur traditionellen Hayashi-Musik tanzt. Das Ganze soll die Seelen der Verstorbenen willkommen heißen und wieder verabschieden.
Mitte August

Kontrast zur nüchternen Wirtschaftswelt: Toshogu-Schrein-Festival in Nikko

Awa Odori

Ganz Tokushima feiert einen Karneval, in dem zahlreiche Tanzgruppen ihre bunten Kostüme präsentieren, mal auf Plätzen, mal in Umzügen.
Tokushima City
Tokushima Präfektur
Mitte August

September
Yabusame

Bogenschützen zu Pferde rasen im Renngalopp an Zielscheiben vorbei und versuchen diese zu treffen.
Kamakura
Kanagawa-Präfektur
Mitte September

Oktober
Marimo-Festival

Die Ainus, Japans einzige ethnische Minderheit, zeigen traditionelle Tänze und Zeremonien. In feierlicher Andacht werfen sie grüne, kugelförmige Kräuter (Marimo) ins Wasser.
Am Akan See
Hokkaido
Anfang Oktober

Jidai Matsuri

Festivitäten in Erinnerung an die Gründung der Stadt Kyoto im Jahre 794. Hauptattraktion ist eine Prozession von über 2000 Menschen in Kostümen, die die wichtigsten historischen Epochen repräsentieren.
Kyoto
3. Oktoberwochenende

November
Daimyo Gyoretsu

Große Prozession von »Feudalherren« nebst Gefolge durch die alte Zollstation von Hakone. Der Ursprung des Umzugs geht auf die Zeiten zurück, als die Daimyos zweimal jährlich dem Shogun Ehre erweisen mußten, damit sie ihr Geld in Reisen steckten und nicht in Kriege.
Hakone
Kanagawa-Präfektur
Anfang November

Momiji Matsuri

Halb Kyoto pilgert am Wochenende nach Arashiyama, um gemeinsam das rote Herbstlaub zu bewundern. Auf dem Sagano werden auf Flößen Vorführungen abgehalten.
Mitte November

Shichi-go-san

In ganz Japan werden drei-, fünf- und siebenjährige Kinder in ihren feinsten Kimonos von den Eltern zu den Shintoschreinen gebracht, wo sie für ihre Gesundheit beten und den Segen der Götter erflehen.
Mitte November

Dezember
Toshi-no-ichi

Märkte in und um die Tempel und Schreinanlagen in verschiedenen Städten Japans, wo Ornamente, Geschenke und Snacks für die Neujahrsfeierlichkeiten verkauft werden.
Ganzer Dezember

Es dauert eine Weile, bis man das System von Japans pulsierender Metropole durchblickt hat. Aber dann gibt's Entdeckerfreuden ohne Ende...

Tokio

Tokio-Debütanten mögen zunächst enttäuscht sein, falls sie eine Metropole mit exotisch-fernöstlichem Ambiente erwartet haben. Statt dessen landen sie in einer Stadt, die sich auf den ersten Blick ausgesprochen westlich und hochmodern präsentiert. Ein riesiger grauer Klecks aus Beton, Stahl, Glas und Chrom mit einigen grünen Farbtupfern darin, durchzogen von den endlosen Bändern der Boulevards und Bahnschienen: ein Häusermeer, so dicht, daß kaum Luft zum Atmen bleibt. Zur Rushhour drängeln sich unüberschaubare Menschenmassen in Bahnhöfen, U-Bahnen und Zügen, schieben sich durch Straßen und Gassen, belagern Parks und Imbißstuben. Fast dreizehn Millionen Einwohner leben auf etwa 2031 Quadratkilometern bebauter Fläche. Dazu kommt täglich noch einmal die gleiche Menge, die von den sogenannten Bettenstädten aus der Umgebung zum Arbeiten anreist. Für den Weg zum Arbeitsplatz benötigen die Bewohner

Kommerz und Kultur: Philipp Starck-Objekt auf einem Verwaltungsgebäude

dieser Megastadt täglich zwischen ein und drei Stunden pro Strecke. Egal, wohin man in Tokio geht, allein ist man nie, und wer eine Weile in dieser Riesenmetropole verbracht hat, dem werden Berlin, Paris oder London menschenleer vorkommen.

Tokios ständige Überfüllung und seine »Häßlichkeit« (nimmt man alte europäische Städte zum Vergleich) bleiben freilich nur demjenigen in Erinnerung, der nur an der Oberfläche gekratzt hat. Erst auf den zweiten Blick nämlich entdeckt man den Charme der Stadt, der aus dem Aufeinanderprallen von Ost und West, von alten japanischen Traditionen und den neuesten Errungenschaften einer hochtechnisierten Welt erwächst. Da entdeckt man unter dem Knäuel mehrstöckiger Stadtautobahnen enge Gassen, vor deren niedlichen Häuschen rote Papierlaternen baumeln, kleine Damen, die in buntbestickten Kimonos die Straßen entlangtippeln, winzige Gärtchen mit kunstvoll gestutzten Pinien an rustikalen Steinmauern oder prächtige Schreine und Tempel, die sich im Schatten der Hochhäuser ducken. Fabelhaft auf seine ganz eigene Weise, ist Tokio fast ein Geisteszustand, und wenn man sich ihm gegenüber öffnet, entdeckt man eine Stadt, die vor Energie und Vitalität brodelt, bewohnt von Menschen, die einerseits von der Entschlossenheit westlich beeinflußten Karrieredenkens getrieben werden, andererseits althergebrachte Sitten und Gebräuche pflegen.

Vom unbedeutenden Dorf zur pulsierenden Hauptstadt

Historisch betrachtet gilt Tokio als »Spätentwickler« innerhalb der japanischen Geschichte. Jahrhundertelang war es nicht mehr als ein unbedeutendes Dorf namens **Edo** (»Flußmündung«). Im 12. Jahrhundert wurde es Lehnssitz einer Familie des Krieger- adels und bekam 1457 eine Festung. 1603 machte der erste Shogun des Tokugawa-Clans, **Ieyasu**, Edo zu seinem Hauptsitz und damit zum politischen Mittelpunkt des Landes. Kyoto blieb weiterhin Wohnort des Kaisers. Die Siedlung dehnte sich schnell aus und vereinnahmte andere Dörfer der Kanto-Ebene. Trotz der Abschottung des Inselstaates von 1637/39 bis 1853/54 entwickelten sich Handel und Wirtschaft, blühten Handwerk und Kunst. 1787 besaß Edo bereits 1,3 Millionen Einwohner und war damit schon damals eine der größten Städte der Welt. Die **Tokugawas** regierten Japan bis 1868 – insgesamt 265 Jahre lang. Dann übernahm Kaiser **Meiji** die Macht, verlegte seinen Sitz nach Edo und änderte den Namen in Tokio (»östliche Hauptstadt«). Japans Feudalära war beendet, seine Politik der Isolation kam zu einem abrupten Schluß, und seine Tore öffneten sich weit, um westliche Errungenschaften aller Art hereinzulassen. Von der rasanten Entwicklung, die folgte, war Tokio als Hauptstadt zuerst betroffen. Die Japaner lernten begierig, wie man Militär und Infrastruktur aufbaut, wie Gesetze und Verfassung ausgearbeitet werden, und importierten Schulbildung, Architektur, Mode, Speisen, Kaufhäuser und selbst Menschen aus dem Westen. Das Schlagwort »West is the best« ging um, und ursprünglich Japanisches wurde schnell ignoriert oder trat zumindest in den Hintergrund.

Tokio – sicherste Großstadt der Welt

Weder das Erdbeben von 1923, gefolgt von Flutwellen, in denen halb Tokio zerstört wurde und mehr als 150 000 Menschen den Tod fanden, noch die Bombardierung von 1945, die die Hauptstadt fast komplett in Schutt und Asche legte, konnten diese Entwicklung stoppen. Aufgrund dieser Katastrophen blieb von Tokios historischen Gebäuden, die einstmals die Reisenden beflügelt hatten, fast nichts übrig. Seien Sie also bereit, in eine architektonisch moderne Metropole zu tauchen, und bewahren Sie Ihren historischen Eifer für Kyoto auf.

Tokio in seiner Modernität ist aufregend und interessant, stellt es doch das Zentrum von Kunst und Kultur, Mode und Musik, Wissenschaft und Werbung dar. Und vielleicht das beste von allem: Tokio ist die sicherste Großstadt der Welt. Die Giftgasattacke im März 1995 dürfte ein seltenes negatives Exempel bilden. Sie können zu jeder Tages- und Nachtzeit unbehelligt durch die Straßen laufen. Mit einer Ausnahme vielleicht: wenn nämlich am Abend taumelnde **Sarari**, voll des guten Sake oder Whiskys und befreit von sozialen Zwängen, ihre Englischkenntnisse an Ihnen ausprobieren wollen. Viel Spaß!

Westlicher Stil gepaart mit japanischem Dekor: das Hotel Okura

Hotels und andere Unterkünfte

Bei der Wahl des Hotels ist seine Lage wichtig, zumindest für denjenigen, der Tokio zu Fuß erkunden oder sich ins Nachtleben stürzen will. Denn zwischen 1 und 5 Uhr morgens fahren keine U- und S-Bahnen, und Taxis sind aufgrund hoher Nachfrage sehr schwer zu bekommen. Vergnügungssüchtige sollten sich deshalb am besten ein Quartier in Shinjuku, Roppongi oder Akasaka suchen.

Akasaka Prince Hotel ■ D 4
Schneeweißer Wolkenkratzer mit sehr modernem, fast futuristischem Interieur. Schöne Einzelzimmer, die bei japanischen Yuppies sehr beliebt sind.
1-2 Kioicho, Chiyoda-ku
U-Bahn: Nagata-cho
Tel. 32 34-11 11
Fax 32 62-51 63
761 Zimmer
Luxusklasse

Four Seasons ■ C 1
Was die Innenarchitektur betrifft, ist es das schönste Hotel in Tokio: warme Töne, viel Holz, viel Grün und reichlich Kunst. Zum Hotelkomplex gehört ein zauberhafter Park mit Bach, Wasserfall und Pagode. Superservice seitens des Concierge. Für Touren wird der Gast mit detaillierten Karten bestückt.
2-10-8 Sekiguchi chome
Bunkyo-ku
U-Bahn: Edoga wabashi
Tel. 39 43-71 91 (in Deutschland zu buchen über Tel. 0130/85 23 36)
Fax 39 43-23 00
290 Zimmer
Luxusklasse

Hotel Okura ■ D 5
Sehr weitläufiges Haus mit verschiedenen Flügeln in Akasaka. Gediegener westlicher Stil mit vielen erlesenen japanischen Dekorelementen und einem herrlichen Garten. Acht Restaurants und vier Bars.
2-10-4 Toranomon, Minato-ku
U-Bahn: Kamiya-cho
Tel. 582-01 11 (in Deutschland zu buchen über Leading Hotels in the World, Tel. 0130/85 21 10)
Fax 35 82-37 07
875 Zimmer
Obere Preisklasse

Palace Hotel ■ E 4
Schlichte Eleganz dominiert dieses Haus im Geschäftsviertel Marunouchi, gegenüber Graben und Gärten des kaiserlichen Palastes.
1-1-1, Marunouchi, Chiyoda-ku
U-Bahn: Otemachi
Tel. 3211-52 11
Fax 32 11-69 87
394 Zimmer
Obere Preisklasse

Park Hyatt ■ A 3
Drei Türme mit gläserner Pyramide auf der Spitze lassen ahnen, daß Tokios höchstes Hotel im 52. Stock Spektakuläres verbirgt. In der Tat: In Lobby-Café, New York Grill und Bar – am Abend Treffpunkt der beautiful people – sowie auf der Fitneßetage liegt einem die Metropole zu Füßen. Und beim Bodybuilding hat man bei guter Sicht den Fuji im Visier.
3-7-1-2 Nishi-Shinjuku, Shinjuku-ku
Bahn/U-Bahn: Shinjuku
Tel. 53 22-12 34 (in Deutschland zu buchen über Hyatt Service Center 069/29 01 14
Fax 53 22-12 88
180 Zimmer
Luxusklasse

SEHENSWERTE ORTE UND AUSFLUGSZIELE

Roppongi Prince Hotel ■ D 5

Viele junge japanische Touristen, die nahe des heißen Pflasters von Roppongi wohnen möchten. Sehr fröhliches Personal.
3-1-7 Roppongi, Minato-ku
U-Bahn: Roppongi
Tel. 35 87-11 11
Fax 35 87-07 70
351 Zimmer
Obere Preisklasse

Seiyo Ginza ■ F 5

Kleinstes Luxushotel mit fast familiärer Atmosphäre. Die Zimmer sind überwiegend weiß gehalten und sehr geräumig. Der feudale Rahmen ist hundertprozentig westlich, die Software traditionell japanisch. Ein weiterer Vorteil: Es liegt mitten im Einkaufsparadies Ginza.
1-11-2 Ginza, Chuo-ku
U-Bahn: Ginza-itchome
Tel. 35 85-11 11 (in Deutschland zu buchen über Tel. 0130/86 00 33)
Fax 35 35-11 10
80 Zimmer
Luxusklasse

Shinjuku Washington Hotel ■ A 3

Komplett automatisiertes, supermodernes Haus. Check-in per Automaten.
3-2-9 Nishi-Shinjuku, Shinjuku-ku
Bahn/U-Bahn: Shinjuku
Tel. 3343-31 11
Fax 33 42-25 75
475 Zimmer
Obere Preisklasse

Tokiwa Ryokan ■ B 2/B 3

Kombination aus Hotel und Ryokan. Letzteres ist das empfehlenswerteste, wenn man schon »japanisch« schläft.
7-27-9 Shinjuku, Shinjuku-ku
S-Bahn: Shin-Okubó
Tel. 3202-43 21
Fax 39 00-75 75
50 Zimmer
Untere Preisklasse

Tokyo Hilton International ■ A 3

Sehr elegante Einrichtung in einer gelungenen Mischung aus westlichem und japanischem Stil. Von den Zimmern blickt man entweder auf die Skyline Shinjukus oder bei klarer Sicht bis zum Berg Fuji.
6-6-2 Nishi-Shinjuku, Shinjuku-ku
Bahn/U-Bahn: Shinjuku
Tel. 33 44-51 11 (in Deutschland zu buchen über Tel. 0130/24 24)
Fax 33 42-60 94
808 Zimmer
Obere Preisklasse

Tokyo Holiday Inn ■ F 5

Rotes Backsteingebäude mit dem gewohnten Innenleben, ca. 20 Gehminuten von Ginza entfernt. Überwiegend von Amerikanern und Einzelreisenden bewohnt.
1-13-7 Hatchobori, Chuo-ku
U-Bahn: Hatchobori
Tel. 35 53-61 61 (in Deutschland zu buchen über Holiday Inn Worldwide, Tel. 0130/81 51 31)
Fax 35 53-60 40
120 Zimmer
Obere bis Mittlere Preisklasse

Tokyo International Youth Hostel ■ D 2

Die Lobby liegt im 18. Stock des neuen Central Plaza Buildings in Shinjuku; Superblick. Für den Preis von 2800 Yen für das Bett oder 4100 Yen inklusive zwei Mahlzeiten unschlagbar.
1-1 Kaguragashi, Shinjuku-ku
U-Bahn: Iidabashi
Tel. 32 35-11 07
138 Zimmer
Untere Preisklasse

Spaziergänge

Wie in fast allen Metropolen der Welt sind auch in Tokio Spaziergänge durch die verschiedenen Viertel fast die einzige Möglichkeit, um den Puls der Stadt, die räumlichen Dimensionen zu spüren, ein wenig von der japanischen Mentalität zu erleben und kleine Geheimnisse zu entdecken, die einem als »Bustourist« verborgen bleiben. Im folgenden finden Sie einige Vorschläge für Touren durch die für den Fremden interessantesten Gegenden. Inklusive Stopps für Besichtigungen und Fotos dauern sie jeweils etwa einen halben Tag. Abgesehen von den vorgeschlagenen Spaziergängen finden Sie in dem Buch »Old Tokyo« von Sumiko Eubutsu sehr interessante Touren. Erhältlich vor Ort im Buchhandel mit englischer Abteilung.

Vom Hibiya-Park durch Ginza nach Nihonbashi und Tsukiji

Ausgangspunkt ist die Hibiya Station in Tokios elegantestem und teuerstem Geschäftsviertel mit einer hohen Konzentration von Nobelboutiquen.

Der **Hibiya-Park** zur Rechten war Tokios erste öffentliche Gartenanlage im westlichen Stil, in der, wie in vielen anderen Parks der Stadt, in früheren Zeiten die Residenz eines Feudalherrn stand. Nach getaner Arbeit treffen sich hier in der warmen Jahreszeit die Sarari zum Picknick. Zur Linken erhebt sich das **Imperial Hotel**, in dessen Shoppingarkaden Modedesigner von Weltruhm vertreten sind. Gegenüber des Seiteneingangs prunkt das **Takarazuka-Theater**, in dem großartige »Girls-only«-Revuen gezeigt werden. Merkwürdigerweise setzen sich die langen Schlangen vor der Kasse fast ausschließlich aus jungen Mädchen zusammen, die die ganze Nacht anstehen, um die besten Plätze zu ergattern. Die Straße rechts hinunter führt an der **Sakai Kokodo Gallery** vorbei, die auf Holzschnitte spezialisiert ist. Kurz davor führt links eine schmale Straße zu einem supermodernen Einkaufskomplex rund um einen hübschen Platz mit Cafés und Kinos. Halten Sie sich wiederum rechts, so stoßen Sie auf den Eisenbahndamm, zu dessen beiden Seiten eine Fülle von Kneipen und Restaurants versteckt sind, in denen man am Abend nur schwer einen Platz bekommt. Direkt unter den Schienen liegt die **International Arcade** mit zahlreichen Duty-free-Shops. Sie endet auf der **Harumi Dori**, in die Sie nach rechts biegen.

An der nächsten großen Kreuzung steht das **Sony Building**, in dessen Lobby der Konzern seine neuesten Produkte und Entwicklungen präsentiert. Die weiteren Stockwerke und das Basement bieten eine Fülle von Boutiquen und Restaurants, u. a. die Tokio-Filiale des Pariser **Maxim's**. Gegenüber von Sony finden Sie unter dem Nikon-Schriftzug an der Fassade ein Eldorado für Kamerafreaks, unter anderem jede Menge Secondhand-Geräte. Die **Sotobori Dori**, die vor diesen Gebäuden die Harumi Dori kreuzt, ist zur Rechten von Galerien gesäumt, zur Linken liegt drei Blocks entfernt das französische Nobelkaufhaus **Printemps**. Die parallel verlaufenden Gassen wie **Namiki Dori** und **Nishi Dori** gelten als Ginzas (Ginza = »Silbermünze«), also als teuerste Flaniermeilen, ebenso wie die nächste breite **Boulevard Chuo Dori**, auch Ginza Street genannt, mit einem Dutzend großer Kaufhäuser.

Spazieren Sie auf der **Ginza Street** gen Osten (also nach links von Harumi Dori), kommen Sie am **Mikimoto Shop** vorbei, dem Schaukasten für Japans berühmte Perlen,

Das Takarazuka-Theater ist für seine »Girls-only«-Revuen bekannt

dann zwei Blocks weiter auf der linken Seite an **Itoya** mit neun Stockwerken voller Artikel aus dem graphischen Bereich nebst einer wechselnden Ausstellung und daneben **Sanrio**, eine Wunderwelt für Kinder mit einem unglaublichen Angebot an Spielwaren. Im nächsten Block zur Rechten versteckt sich **Koyanagi**, welches seit mehr als hundert Jahren japanische Keramiken für den täglichen Gebrauch verkauft. Folgen Sie der Ginza Street weiter unter der **Expressway** hindurch, und machen Sie dann Abstecher in die kleinen Seitengassen mit Galerien und Shops.

Weiter auf der Ginza Street kommen Sie am Nobelkaufhaus **Takashimaya** vorbei, zur Brücke **Nihonbashi**, von der in der Edo-Zeit alle Distanzen in Japan gemessen wurden. Die jetzige Brücke stammt von 1912 und sieht eher viktorianisch als japanisch aus.

Folgen Sie der Harumi Dori von der Ginza Street aus weiter gen Süden, so prangt hinter der nächsten großen Querstraße **Showa Dori Avenue** das verspielte **Kabukiza-Theater**, Tokios berühmteste Kabuki-Bühne. Weiter geradeaus kommen Sie zum Fischmarkt **Tsukiji**, dem man besser am frühen Morgen einen Besuch abstattet. Allerdings ist auch den ganzen Tag lang auf dem Obst- und Gemüsemarkt rechts dahinter die Hölle los.

Harajuku, Omotesando und Shibuya

Ausgangspunkt ist die **Harajuku Station**, ein Spielplatz der Trendsetter. Umgeben von sehr teuren Wohngebieten, in denen Japans Elite und ausländische Diplomaten leben, findet man in diesen Straßenzügen mehr als anderswo in der Metropole ein internationales Ambiente. Am Wochenende und abends ist hier am meisten los.

Wer sich sonntags an der Harajuku Station immer rechts hält und den Massen junger Menschen folgt, gelangt nach fünf Gehminuten zum **Yoyogi-Park**, auf dessen südlicher Grenzstraße im wahrsten Sinne des Wortes der Bär steppt.

In der Woche lohnt sich indes ein Besuch des **Meiji-Schreins** und seines herrlichen Parks (Eingang gleich hinter der Brücke an der Bahnstation). Sehenswert ist auch sein separater Liliengarten, wenn Ende Mai/ Anfang Juni die Iris blüht. Von der Brücke gen Süden zieht sich die **Omotesando Avenue**, Tokios »Kudamm«, am Sonntag für

TOP TEN
6

Sonntag im Yoyogi-Park

Sehenswerte Orte und Ausflugsziele

Das Rathaus von Shinjuku,
Tokios modernstem Stadtviertel
mit dem einzigen Wolkenkratzer-
Komplex der Stadt

den Autoverkehr gesperrt. Die Tokioter bezeichnen sie auch gern als ihre »Champs-Élysées«. Ziemlich am Anfang hinter dem **La Forêt Building** führt eine schmale Gasse bergan zum **Ohta Memorial Museum** mit einer reichhaltigen Sammlung alter Holzdrucke. Rechts und links der Avenue reihen sich Shops, Restaurants und Straßencafés.

Die beliebtesten, das **Café Häagen Dazs** und das **Café Vieben**, liegen hinter der Kreuzung mit Meiji Dori auf der rechten Seite. Gleich dahinter der **Oriental Bazaar** und fast am Ende die **Hanae Mori Building**, benannt nach Japans berühmtester Modedesignerin. Machen Sie Abstecher in die kleinen Straßen zu beiden Seiten der **Omotesando**,

bekommen Sie zumindest einen oberflächlichen Eindruck, wie Tokios Haute-Volée wohnt. Zwischen den Villen verstecken sich kleine Boutiquen, Lokale und Galerien.

Der breite Boulevard geht hinter der Kreuzung mit der **Aoyama Dori** in schmaler Version weiter. Nach wenigen Minuten stoßen Sie auf das **Yoku Moku**, eines der schicksten Cafés Tokios mit einer schönen Terrasse. In dieser engen Straße verbergen sich in von außen unscheinbaren Läden Werke der Top-Modeschöpfer Issey Miyake, Yamamoto, Georgio Armani und Sonia Rykiel. Dort, wo sie einen leichten Bogen nach links macht, liegt rechter Hand das **Nezu Art Museum** mit einer Privatsammlung von orientali-

SEHENSWERTE ORTE UND AUSFLUGSZIELE

Harajuku, Omotesando und Shibuya

scher Kunst. Allein der Garten ist sehenswert. In den beiden Teehäusern kann man sich in der Tee-Kunst unterweisen lassen. An der Kreuzung Omotesando und Aoyama befindet sich eine U-Bahn-Station, von der aus Sie nonstop mit der Ginza-Line nach **Shibuya** kommen.

Vor dem Nordausgang der höchst verwirrenden Shibuya Station sitzt **Chuken Hachiko**, der treue Hund in Bronze, der für immer auf seinen Herrn warten mag. Das Tier hatte seinen Besitzer zu Lebzeiten jeden Tag nach der Arbeit am Bahnhof abgeholt. Die Statue ist ein beliebter Treffpunkt; zwischen 17 und 19 Uhr warten hier so viele Menschen, daß man den Hund nicht mehr sieht. Das Viertel genau gegenüber ist von Boutiquen und hübschen Lebensmittelshops gesäumt. Über die **Koen Dori** kommen Sie zum **Yoyogi-Park**.

Shibuya mit seinen großen Department-Store-Gruppen **Tokyu** und **Seibu** (zu diesen gehören u. a. die Kaufhäuser Parco I, II und III, Tokyu Hands und Loft), in dem Viertel rechts hinter der Station gelegen, ist ein weiteres Zentrum der Mode. In den kleinen Shops neben den Bahngleisen gen Harajuku ist Tokios Jugend stetig auf der Suche nach günstigen Angeboten und Secondhand-Klamotten.

Rundgang in Asakusa

Ausgangspunkt ist die **Asakusa Station**. Asakusa unterscheidet sich völlig von den bisher genannten Stadtteilen. In ihm schwingt noch ein wenig von der Tradition des alten Edo mit, gilt es doch als Wohn-, Einkaufs- und Vergnügungsviertel von Tokios »kleinen Leuten«. Trotz vieler neuer Gebäude bestechen zumindest die kleinen Gassen durch ihren Charme, manifestiert durch viele hübsche Lädchen,

winzige Restaurants, traditionelle Showbühnen, Kinos und Bars. Ganz in der Nähe lag übrigens bis 1957 die »Liebesstadt« **Yoshiwara**, deren Kundschaft und Zuträger sich in Asakusa etablierten.

Den Mittelpunkt des Viertels bilden der **Asakusa-Schrein**, der Tempel **Sensoji** und die fünfstöckige **Pagode**. Sie erreichen die Anlage über die **Nakamise Arkade**, die am eindrucksvollen **Kaminarimon-Tor** mit seiner riesigen roten Papierlaterne und den Holzskulpturen des Donner- und Windgottes beginnt und am **Hozomon-Tor** endet. Die Arkade ist von zahlreichen Souvenirshops gesäumt, in denen Sie zwischen jeder Menge Kitsch vielleicht einige hübsche Mitbringsel aufstöbern können. Links dieser Gasse liegt der Tempel **Denpo-in**, dessen Garten von einem berühmten Architekten des 7. Jh. angelegt wurde. Lassen Sie diesen Tempel rechts liegen und gehen weiter geradeaus, überqueren die **Kappabashi Dori**, eine Straße, auf der Großhändler neben Küchengeräten und japanischem Geschirr jenes witzige Plastik-Food im Sortiment haben, das in den Vitrinen vieler Restaurants steht. Kehren Sie zurück zur Asakusa Station, so gelangen Sie auf der anderen Seite des Bahnhofs zur Brücke **Azumabashi** über den Sumida. Darunter liegt eine Station der Wasserbusse, die Sie in 40 Minuten zum **Hinode-Pier** in der Nähe der Hamamatsucho Station bringen. Der Blick vom Boot auf die Stadt ist zwar nicht unbedingt berauschend, aber er vermittelt zumindest einen anderen Aspekt. Über diesen Wasserweg haben sich in früheren Zeiten die reichen Bürger zu den Geisha-Häusern in Yoshiwara schippern lassen.

Karte: → S. 62

Rund um Shinjuku

Ausgangspunkt ist die **Shinjuku Station**. Wenn Sie nicht gerade in einem Hotel in Shinjuku wohnen, sondern an der dortigen Station aussteigen, wird Ihr größtes Problem erstmal die Orientierung sein. Der gigantische Bahnhof über mehrere Ebenen hat 63 Ausgänge, durch die pro Tag insgesamt 1,5 Mio. Fahrgäste laufen. Sie wären sicherlich nicht der erste, der ohne Hilfe nicht aus dem Labyrinth herausfindet. Richtungsweisend können die Schilder zum Odakyu Department Store sein, die Sie an der westlichen Seite des Bahnhofs ans Tageslicht bringen. Vor Ihnen breitet sich dann Tokios modernstes Viertel aus, der einzige Wolkenkratzer-Komplex der Stadt

mit dem **Tokyo Metropolitan Government** (Rathaus), einem architektonisch höchst interessanten Bauwerk. In unmittelbarer Nähe erheben sich das **Park Hyatt** und das **Tokyo Hilton**. Beide haben Aussichtsrestaurants im obersten Stockwerk, ebenso das **Sumitomo Building**. Bei klarer Sicht kann man in der Ferne den Fuji sehen. Zum Bummeln interessanter ist das östlich vom Bahnhof gelegene Viertel, vor und nach Sonnenuntergang Tummelplatz von Tokios Studenten. Im Prinzip müssen Sie hier keinen Wegeempfehlungen folgen, sondern können sich einfach in die Menschenmasse stürzen. Das Vergnügungsviertel **Kabukicho** breitet sich vom Bahnhof aus gesehen links von der **Yasukuni Dori** aus.

Sehenswertes

Aussichtspunkte
Tokyo Tower ■ D 6
Der berühmteste Aussichtsturm, 1958 dem Pariser Eiffelturm nachempfunden, bietet von seiner obersten Plattform einen Blick über die Stadt aus 333 m Höhe.
Tgl. 9–20 Uhr, Nov.–März bis 18 Uhr
U-Bahn: Station Onarimon oder Kamiya-cho

Kasumigaseki Building ■ D 5
Der erste Wolkenkratzer Japans wurde 1960 gebaut. Vom 36. Stock, in dem auch ein Restaurant untergebracht ist, schöner Blick auf den Kaiserpalast nebst seinen Gärten, auf Ginza, Hafen und Shinjuku.
U-Bahn: Station Toranomon
Tgl. 10.30–22 Uhr

Sunshine City Building
Mit 60 Stockwerken das höchste Gebäude in Tokio. In der **Le Trianon Lounge** in der 59. Etage kann man – bei Kaffee oder Cocktail – bei klarer Sicht den Blick bis zum Stadtrand genießen.
S-Bahn: Station Ikebukuro
Tgl. 10–19.30 Uhr, Restaurant 10–17 Uhr

Park Hyatt ■ A 3
Aussicht und Stil bietet **New York Grill**. Café und Bar im 52. Stockwerk des (→ Hotels und andere Unterkünfte, S. 53).
U-Bahn: Shinjuku

Börse ■ F 4
1878 gegründet, gilt sie als eine der größten der Welt. Im Nihonbashi-/Kyobashi-Distrikt gelegen und als »Wall Street« Japans bekannt, öffnet die Börse dem interessierten Publikum zweimal täglich ihre Tore. Abgesehen vom Blick aus der gläsernen Loge auf das hektische Treiben in der Halle, ist ein Besuch des zweistöckigen **Exhibition Plaza** höchst lehrreich, gewährt er doch einen Einblick in Japans turbulente Wirtschaftsgeschichte.
U-Bahn: Stationen Nihonbashi (Ausgang A2) oder Kayaba-cho (Ausgang 11)
Mo–Fr 9–11 und 13–15 Uhr, englische Führungen um 9.30 und 13.30 Uhr

Disneyland
→ Mit Kindern unterwegs, Der Besondere Tip, S. 41

Ikebana
Das Arrangieren von Blumen gehört zu den japanischen Künsten wie die Teezeremonie. Entwickelt wurde es unter den Aristokraten der Heian-Periode zwischen dem 8. und 12. Jh. Wer genügend Zeit mitbringt, kann sich zumindest in einigen Grundregeln unterrichten lassen. Die **Ohara School in Harajuku** gibt englische Instruktionen und verteilt Zertifikate nach erfolgreich bestandenem Kurs.

Ohara School ■ B 5
Omotesando Dori Harajuku
U-Bahn: Omotesando

Japanische Bäder
Daß die Japaner Badefans sind, ist hinlänglich bekannt. Insofern lernt man ein Stückchen einheimischer Lebensart kennen, wenn man es ihnen gleichtut. Tokio hat ca. 2000 öffentliche Bäder, **Sento** genannt, die am langen Schornstein und den Schließfächern für Schuhe vor der Tür zu erkennen sind. Der Eintritt kostet ca. 350 Yen, alle notwendigen Utensilien kann man vor Ort kaufen oder leihen (16–23 Uhr). **Onsen** unterscheidet sich von den Sento durch die natürlichen heißen Quellen, die die Becken speisen. Einige sprudeln mitten in Tokio. Eintrittspreis ca. 500 Yen. Fragen Sie am besten an der Hotel-Rezeption nach dem nächstgelegenen, oder besuchen Sie:

Asakusa Kannon Onsen
2-7-26 Asakusa, Taito-ku
Westlich des Sensoji-Tempels
U-Bahn: Asakusa

Azabu Juban Onsen ■ C 6
1-5 Azabu Juban, Minato-ku
U-Bahn: Roppongi

Japanische Gärten
Während der Edo-Periode demonstrierten einige Daimyo Macht und Reichtum durch das Anlegen kunstvoller Gärten. Als Grundlage dieser Gärten diente das »Sakuteiki«, das vielleicht älteste Gartenhandbuch der Welt, das im 11. Jh. wahrscheinlich von dem Aristokraten Taichibanano Toshitsuna zusammengetragen wurde. In diesem Buch wird u. a. beschrieben, wie Wasserwege gegraben und befestigt werden, wie Steine plaziert und Gewächse ausgewählt werden müssen. Viele von Toshitsunas Ratschlägen basieren auf den Gesetzen der Geomantie, einer chinesischen Lehre, derzufolge Wohlbefinden und Schicksal von positiven und negativen Energien beeinflußt werden, die die Erde durchdringen. Die drei wichtigsten Stilrichtungen des japanischen Gartenbaus sind **Tsukiyama** (Landschaften in Miniaturgröße), **Karesansui** (Steingarten) und **Chaniwa** (Teekunstgarten).

Koishikawa-Korakuen-Garten ■ D 1
Er wurde 1629 vom feudalen Mito-Klan mit Miniaturseen und -hügeln angelegt. Im 18. Jh. ließen sich Lords und Kurtisanen von den ins Wasser gesetzten Steinen zu Gedichten inspirieren, während Täßchen mit Sake gereicht wurden. Wem nichts einfiel, der mußte den Inhalt in einem Schluck trinken.
U-Bahn: Korakuen
Tgl. 9–17 Uhr

Rikuen-Garten
1695 entwarf der bedeutende Daimyo Yanagisawa Yoshiyasu diesen 86 ha großen Garten. 88 verschiedene Landschaftstypen sind um einen Teich herum angeordnet, zu deren Design sich der Gartenbaukünstler von klassischen Gedichten inspirieren ließ. Seine Gäste sollten damals jeden Typ identifizieren und das entsprechende Gedicht zum besten geben.
S-Bahn: Komagome
Di–Fr 9–16.30 Uhr

Shinjuku Gyoen Park ■ B 4
Eine grüne Lunge von außerordentlicher Schönheit ist dieser Park, der teils im europäischen, teils im japanischen Stil gehalten ist. Besonders attraktiv ist er im Mai mit seiner Iris-Ausstellung und im November mit Chrysanthemen-»Bühnen«.
U-Bahn: Shinjukugyoenmae
Tgl. 9–16 Uhr

Kaiserpalast ■ E 4
Zwar steht ein Besuch des im Herzen von Tokio gelegenen Palastes auf dem Programm der meisten Stadtrundfahrten, aber besichtigen kann man ihn nicht. Immerhin wohnt die kaiserliche Familie noch dort, abgesichert von massiven Betonmauern und einem breiten Wassergraben. Viel mehr als Parkanlagen, die kaiserliche Plaza, einige Brücken und Tore sowie ein Wirtschaftsgebäude sind nicht zu sehen. Zweimal im Jahr, an Neujahr und zu seinem Geburtstag am 23. Dezember, öffnet der Tenno die hohen Tore für das Publikum. Dann darf man im Park lustwandeln, das Schloß selbst bleibt weiterhin »offlimits«. Gebaut wurde der Palast an jener Stelle, die das Edo-Schloß während des Tokugawa-Shogunats eingenommen hatte. 1868 als kaiserliche Residenz ernannt, fiel es 1945 Bomben zum Opfer und entstand erst 1968 wieder in neuem Glanz.
Als Besichtigungsalternative bietet sich ein Bummel im **Higashi**

Gyoen (Ostgarten) an, der, wie der Name schon sagt, östlich des Palastes liegt. Hier sind einige steinerne Überreste des alten Edo-Schlosses säuberlich als Aussichtsplattform aufeinandergeschichtet. Mitte des 17. Jh. erbaut, galt das Schloß damals mit 15 km Umfang als das größte der Welt. Nördlich des Kaiserpalastes erstreckt sich der **Kitanomaru-Koen-Park**. Früher privater Spielplatz der kaiserlichen Garde, beherbergt er heute einige Museen (→ Museen, S. 68).
U-Bahn: Nijubashimae oder Otemachi

Meiji-Schrein ■ A 5
Der ehrwürdigste Sakralbau Tokios wurde 1920 zum Gedenken an Kaiser Meiji und Kaiserin Shoken eröffnet. Er liegt mitten in einer z. T. dichtbewaldeten Parklandschaft, zu der auch ein bezaubernder Schwertliliengarten (Yoyogi) mit ca. 100 verschiedenen Arten gehört. Besonders beeindruckend ist das mächtige **Torii**, das Eingangstor zum heiligen Bezirk, aus dem Holz von 1700 Jahre alten Zypressen gezimmert, von dem eine breite Allee zum Hauptschreingebäude führt. Interessant ist ein Besuch am Sonntag, wenn traditionelle Taufen und Hochzeiten stattfinden.
S-Bahn: Harajuku

Sengakuji-Tempel
1612 erstmalig von Ieyashu Tokugawa erbaut, zählt er zu den drei wichtigsten Tempeln der Soto-Buddhisten in Tokio. Auf dem Tempelgelände befindet sich das Grabmal der **47 Ronins**. Die Heldengeschichte dieser »herrenlos, irrenden Samurai« gilt als eine der bedeutendsten des alten Japan und macht den Ort an Festen zu ihrem Gedenken zu einer großartigen Sehenswürdigkeit.

Die wahre Begebenheit, die sich Anfang des 18. Jh. ereignete, ist ein Schulbeispiel dafür, wie ausgeprägt Eigenschaften wie Tapferkeit, Treue, Gründlichkeit und Selbstbeherrschung damals waren: Diese 47 Samurai dienten dem **Daimyo Asano**,

Kaiser Meiji und Kaiserin Shoken gewidmet: der Meiji-Schrein in Harajuku

SEHENSWERTE ORTE UND AUSFLUGSZIELE

der den brutalen Haushofmeister Kira am Hofe des Shoguns zu beseitigen hatte. Die Tat mißlang, Kira konnte fliehen, aber für seine Tat mußte Asano mit Seppuku (Selbstmord) büßen. Seine Gefolgsleute wurden Ronins, die nur noch das Ziel vor Augen hatten, ihren Herrn zu rächen. Um Kira zu täuschen, verstreuten sie sich in alle Winde und führten ein so ausschweifendes Leben, daß Kira zu der Überzeugung kommen mußte, sie hätten jeden Gedanken an Rache aufgegeben. Anderthalb Jahre später, 1703, drangen sie dann schließlich gemeinsam in das Haus Kiras ein und legten ihm nahe, durch Seppuku aus dem Leben zu scheiden. Erst als Kira nicht den Mut dazu fand, schlugen ihn die Ronins nieder und schleppten seinen Kopf zu dem Tempel, in dem Asano ruhte. Während sie Weihrauch zu Ehren des gerächten Geistes verbrannten und die Priester Gebete sangen, begingen sie vor dem Grab einer nach dem anderen feierlich Selbstmord.
U-Bahn: Sengakuji

Sensoji-Tempel

Er gilt als der älteste Tempel Tokios, der bei seiner Gründung im Jahre 645 **Kannon**, der buddhistischen Gottheit der Barmherzigkeit, gewidmet wurde. Der Legende nach haben damals zwei Fischer die goldene Kannon-Figur aus dem Meer geborgen, die noch heute in drei Kisten verpackt im Tempel liegt. Zu sehen bekommt sie niemand, trotzdem erweisen ihr täglich Scharen von Menschen Respekt. Der Tempel prunkt am Ende der hübschen, von Souvenirläden gesäumten alten Gasse **Nakamise**, die man durch ein großes Tor betritt, von dem eine gigantische Papierlaterne herunterbaumelt. Vor dem Tempel zur Rechten steht ein Weihrauchkessel, in

dessen Rauch sich die Gläubigen »waschen«, um gegen Krankheiten gefeit zu sein bzw. um Schmerz zu stillen. Rechts hinter dem Sensoji liegt der **Asakusa-Jinja-Schrein**, links davor die fünfstöckige Pagode. Wer sich während des »Sanja Matsuri« Ende Mai in der Stadt aufhält, sollte nicht versäumen, diesem turbulenten Straßenfest rund um den Tempel beizuwohnen (→ Feste und Festspiele, S. 47).
U-Bahn: Asakusa

TOP!
4

Sumo

Dies Spektakel wird bei uns zwar gern als Kampfsport bezeichnet, aber eine Runde der Ringer dauert meist nur wenige Sekunden. Interessant ist die Zeremonie zu Beginn der Vorstellung. Sumo-Kämpfe finden an 15 aufeinanderfolgenden Tagen im Januar, Mai und September statt und werden im Fernsehen übertragen. Wer live dabei sein will, sollte sich rechtzeitig um gute Plätze bemühen (Tickets kosten um die 7000 Yen). Falls gerade keine Kämpfe ausgetragen werden, können Sie den Sumo-Ringern beim Training in ihren »Ställen« zuschauen. Unbedingt vorher anrufen und eine Verabredung treffen.
Ryogoku kokugikan Stadium
S-Bahn: Ryogoku
Tel. 38 66-87 00

Tsukiji-Fischmarkt ■ F 6

Um den größten Fischmarkt der Welt in Aktion zu sehen, muß man früh aufstehen. Gegen 3 Uhr machen die Trawler am Kai fest und entladen tonnenweise gefrorene Thunfische und anderes Seegetier. Ein bis zwei Stunden später beginnen die Auktionen. In den dazugehörigen riesigen Hallen wird an Hunderten von Ständen fast der gesamte Fisch- und Meerestierbedarf Tokios umgeschlagen. Außer-

TOP!
2

Ein besonderes Erlebnis garantiert der Besuch des Tsukiji-Fischmarkts

halb der Freizone liegt, in mehreren Häuserreihen untergebracht, ein weiterer Markt, wo Sie zum Frühstück u.a. Sushis probieren können. Beste Zeit für einen Besuch ist zwischen 4 und 7 Uhr.
U-Bahn: Tsukiji
Mo–Sa (nicht an Feiertagen und am 15./16. Aug.)

Ueno-Park　　　　　　■ F 1
Die größte Attraktion für Kinder und Tierliebhaber in diesem Park ist der Zoo mit seinem berühmten Pandabären-Pärchen (→ Mit Kindern unterwegs). Um sie zu sehen, muß man nicht selten in langer Reihe warten. Südwestlich des Tierparks prunken der **Toshogu-Schrein** und die fünfstöckige **Pagode**, in der nordöstlichen Ecke der **Kaneiji-Tempel**. Im Park liegen außerdem das **Tokio Nationalmuseum** und die **Städtische Galerie der Schönen Künste** sowie die **Nationalmuseen für Naturwissenschaft** und Okziden-

tale Kunst (→ Museen). Zur Zeit der Kirschblüte gehört der Ueno-Park zu den feucht-fröhlichen Treffpunkten der Stadt.
U-Bahn: Ueno

Zazen
»Meditation«, die die buddhistischen Mönche als mentales bzw. spirituelles Training praktizieren. Es kann helfen, Streß abzubauen und den Kopf frei zu bekommen. In mehreren Zen-Tempeln dürfen auch Fremde an den Übungen teilnehmen. Am besten, man schaut in die »Japan Times« oder holt sich im Touristenzentrum Auskunft über Zazen-Sessions, die mit englischen Unterweisungen organisiert werden.

Museen
Etwa vier Dutzend nationale, lokale und private Museen verteilen sich über die Stadt. Einige liegen dicht zusammen, zum Beispiel rund um den Kaiserpalast und im Ueno Park, so daß man sie jeweils an einem Tag besichtigen kann. Das Problem ist mal wieder die Sprache, weil die meisten Werke nur auf japanisch beschriftet sind und die englischsprachigen Museumsführer, falls überhaupt vorhanden, oft sehr knapp ausfallen.

Edo-Tokyo Museum
Das architektonisch sehr bizarre Gebäude steht neben dem Sumo-Stadion. In sehr lebensnaher, anschaulicher Weise ist hier die Geschichte der Metropole von den Anfängen Edos bis zu den Olympischen Spielen dargestellt.
S-Bahn: Ryogoku
Tgl. 10–18 Uhr, Fr bis 21 Uhr

Flugdrachen-Museum ■ F 4
→ Mit Kindern unterwegs, S. 41

Fukugawa Edo Museum
Das Museum beherbergt ein altes
Stadtviertel mit 11 Häusern und
Shops, die an ihrem ursprünglichen
Standort in Fukugawa ab- und hier
wieder aufgebaut wurden.
Fukugawa Edo Shiryokan
U-Bahn: Stationen Monzen-Nakacho
oder Morishita, dann mit Bus Nr. 33
bis zum Kiyosumi-Garten
Tgl. 10–17 Uhr

Gotoh-Kunstmuseum
Das Gebäude inmitten eines
herrlichen Gartens mit Teehaus
beherbergt asiatische Kunst
und Kunsthandwerk.
U-Bahn: Station Kaminoge
Tgl. 9.30–16.30 Uhr, Mo geschl.

Handwerksmuseum ■ D 3
In einem gotischen Backsteinge-
bäude von 1910 ist japanisches
Kunsthandwerk – Lackwaren,
Puppen, Keramiken und Textilien –
ausgestellt.
Tokyo Kokuritsu Kindai Bijutsukan
Kogeikan
Kitanomaru-Koen-Park
U-Bahn: Takebashi
Tgl. 10–17 Uhr, Mo geschl.

Hara-Museum der
zeitgenössischen Kunst
In der ehemaligen Residenz der
Familie Hara werden hauptsächlich
Werke aus den 50er und 60er Jah-
ren gezeigt; außerdem regelmäßige
Ausstellungen junger Künstler.
Hara Bijutsukan
S-Bahn: Station Shinagawa
Tgl. 11–17 Uhr, Mo geschl.

Hatakeyama-Kollektion
Diese Sammlung beinhaltet über-
wiegend Accessoires der Teezere-
monie und einige schöne Bilder,
Kalligraphien und Lackwaren aus
dem alten Japan und China. Das
Haus liegt hinter dem Garten des
Hanna-en-Restaurants
Hatakeyama Kinekan
U-Bahn: Station Takanawadai
Tgl. 10–17 Uhr, Mo geschl. (geschl.
auch jeweils letzten beiden Wo-
chen im März, Juni, Sept. und Dez.
sowie die erste Januarwoche)

Nationalmuseum für
Moderne Kunst ■ E 3
Eine hervorragende Sammlung
moderner japanischer Kunst aus der
Meiji-Periode. Auch einige westliche
Künstler sind vertreten.
Tokyo Kokuritsu Kindai Bijutsu
Kitanomaru-Koen-Park nördl. des
Kaiserpalasts
U-Bahn: Takebashi
Tgl. 10–17 Uhr, Mo geschl.

Nationalmuseum der
Naturwissenschaften ■ F 1
Hier wird die Entwicklung des japa-
nischen Volkes, seiner Architektur,
seines Handwerks und seiner Indu-
strie dargestellt.
Kokuritsu Kagaku Hakubutsukan
Ueno Park
Bahn/U-Bahn: Ueno
Tgl. 9–16.30 Uhr, Mo geschl.

Nationalmuseum für
Okzidentale Kunst ■ F 1
Hier sind u.a. Gemälde von franzö-
sischen Impressionisten wie Renoir,
Monet, Manet sowie Delacroix,
Degas, El Greco und Goya zu sehen.
Die Sammlung von 50 Rodin-Skulp-
turen gilt als die drittgrößte der
Welt. Das Gebäude selbst wurde
von Le Corbusier entworfen.
Kokuritsu Seiyo Bigutsukan
Ueno Park
Bahn/U-Bahn: Ueno
Tgl. 9.30–17 Uhr, Mo geschl.

Ohta Memorial Museum of Art ■ B 5
Das Museum besitzt mit 12 000 Werken, die abwechselnd ausgestellt werden, eine der größten privaten Sammlungen japanischer Holzdrucke (Ukiyoe).
In unmittelbarer Nähe der Omotesando Dori
S-Bahn: Station Harajuku
Tgl. 10.30–17.30 Uhr, Mo an Neujahr und am 24. jeden Monats geschl.

Papiermuseum
Die Ausstellung zeigt alle in Japan von Hand gefertigten und geschöpften Papierprodukte.
Kami no Hakubutsukan
S-Bahn: Station Oji
Tgl. 9.30–16.30 Uhr,
Mo und an Feiertagen geschl.

Schwerter-Museum ■ A 4
Die Fertigung von Schwertern wurde einst als eine der höchsten Kunstformen in Japan bewertet.
S-Bahn: Station Sangubashi
(mit Odakyu-Linie)
Tgl. 9–16 Uhr, Mo geschl.

Städtische Galerie der Schönen Künste ■ F 1
Die Städtische Galerie, ganz in der Nähe des Tokio Nationalmuseums, ist modernen japanischen Werken – zum Teil in wechselnden Ausstellungen – gewidmet.
Tokyo-to-Bijutsukan
Ueno Park
Bahn/U-Bahn: Ueno
Tgl. 9–17 Uhr, Mo geschl.

Suntory-Kunstmuseum ■ C 4
Im gleichnamigen Gebäude des Bierkonzerns werden wechselnde Ausstellungen japanischen Kunsthandwerks gezeigt.
U-Bahn: Akasaka-mitsuke
Tgl. 10–17, Fr 10–19 Uhr

Tokio Nationalmuseum ■ F 1
Es ist das größte Museum Japans mit der größten Sammlung japanischer Kunst in der Welt. Insgesamt lagern hier ca. 86 000 verschiedene Werke, inkl. 10 000 Bilder, 1000 Skulpturen, 15 500 Metallgegenstände, 3000 Schwerter,

Die Waffen der Samurai kann man im Schwerter-Museum bewundern

3700 antike Lackwaren und 27 000 archäologische Funde. Aufgrund der sagenhaften Fülle können nur ca. 4000 im Rotationssystem ausgestellt werden. Das Museum ist auf vier Gebäude verteilt. Die Hauptgalerie (**Honkan**) umfaßt Buddha-Skulpturen aus den Jahren 538–1192, antike Accessoires der Feudalherren und Samurai, Textilien und Keramik aus prähistorischer Zeit sowie antike Malereien und Kalligraphien. Die zweite Abteilung beherbergt ostasiatische und ägyptische Artefakte, die dritte ist die **Hyok eikan-Galerie** mit archäologischen Relikten z. B. der Ainu, einer ethnischen Minderheit, die heutzutage überwiegend auf Hokkaido lebt, und die vierte die Galerie der **Horyuji-Schätze** aus dem gleichnamigen Tempel in Nara. Letztere ist nur bei schönem Wetter am Donnerstag geöffnet.
Tokyo Kokuritsu Hakabutsukan
Ueno Park
Bahn/U-Bahn: Ueno
Tgl. 9–16.30 Uhr, Mo geschl.

Volkskunstmuseum

Ehemaliges Heim von Soetsu Yanagi, dem die Japaner eine Rückbesinnung auf ihre Volkskunst zu verdanken haben. Allein das Gebäude ist den Besuch wert.
Nippon Mingeikan
S-Bahn: Station Komaba-todaimae (auf der Keio-Inokashira-Linie)
Tgl. 10–17 Uhr, Mo geschl.

Essen und Trinken

Mehr als 45 000 Restaurants bieten so ziemlich alles, was das Herz begehrt. Dem Ausländer stellen sich jedoch Probleme aufgrund fehlender Straßennamen und lediglich japanischer Schriftzeichen, die empfohlenen Restaurants zu finden. Am besten läßt man von der Hotelrezeption im Lokal anrufen und sich dann die Wegbeschreibung auf dem Stadtplan einzeichnen bzw. Namen und Orientierungshilfen auf japanisch geben, um dem Taxifahrer und sich die Suche zu erleichtern. Wer Geld sparen und trotzdem gern feudal essen will, sollte den Lunch zur Hauptmahlzeit machen und in den entsprechenden japanischen Lokalen nach **Teishoku**, dem speziellen (preiswerten) Mittagsmenü, fragen.

Furusato

Man speist in einem herrlichen, 300 Jahre alten, dreistöckigen Haus entweder auf dem Boden oder an kleinen Tischen. Die Küche ist auf **Shabu-Shabu** und **Sukiyaki** spezialisiert. Englische Speisekarte.
3-4-1, Aobadai, Meguro-ku (an der Route 246, südl. der Kreuzung mit Yamate Dori)
Tel. 34 63-23 10
Tgl. 11.30–14 und 17–22 Uhr
Luxusklasse

Genruku Sushi ■ B 5

Um den rechteckigen Tresen herum laufen die Teller mit Sushi auf dem Fließband. Bezahlt wird nach Anzahl und Farbe der Teller, Tee (aus der Pipeline) und eingelegten Ingwer gibt's kostenlos dazu.
Omotesando Dori
(Nähe Oriental Bazaar)
Tel. 34 98-39 68
U-Bahn: Omotesando
Tgl. 11–21 Uhr
Untere Preisklasse

Ginza Rangetsu   ■ E 5

Auf mehreren Etagen hat man sich hier auf Fisch und Meeresfrüchte spezialisiert, allerdings jeweils in anderen Zubereitungsarten. Berühmt ist das Lokal für seine Kingcrabs.
3-5-8, Chome, auf Ginza St. (gegenüber dem Kaufhaus Itoya)
Tel. 35 67-10 21
U-Bahn: Ginza
Mittlere bis Obere Preisklasse

Gomihatchin   ■ E 5

Lokal in rustikal-japanischem Ambiente, Spezialität **Kushiage**, Fleisch und Gemüse auf dem Spieß am Tisch gegrillt. Zum Lunch nach »Teishoku« fragen oder um »moriawase kudasai« bitten, und auf den Tisch kommt, was immer an diesem Tag angeboten wird. Man muß nur rechtzeitig »sutoppu« (stop) rufen, sonst wird weiter serviert.
Höhe Nikko Hotel in Ginza bei den Bahngleisen
Tel. 35 71-24 86
U-Bahn: Ginza
Tgl. 16–22 Uhr, So geschl.
Obere Preisklasse

Hassan   ■ C 6

Eines der wenigen Lokale, die eine englische Speisekarte und verschiedene kulinarische Stilrichtungen wie Shabu-Shabu, Sukiyaki oder Kaiseki anbieten. Die Kellnerinnen tragen Kimonos, im Hintergrund wird traditionelle japanische Zithermusik (koto) gespielt.
Eine Gehminute von Roppongi Station Richtung Shibuya
Tel. 34 03-83 33
U-Bahn: Roppongi
Tgl. 11.30–14 und 16.30–23 Uhr
Obere bis Mittlere Preisklasse

Hayashi

Gemütliches, kleines Restaurant, in dem man mittags das einzige Menü namens **Oyakodomburi** (Reis mit Hühnerstückchen und Omelett) probieren sollte. Sehr preiswert, abends kostet es mehr als das Doppelte.
Im Sanno Kaikan Bldg., 4. Stock, Asakusa
Tel. 3582-40 78
U-Bahn: Asakusa-mitsuke
Mo–Fr 11.30–14 und 17–22.30 Uhr
Obere Preisklasse

Teepause im Asakusa-Viertel

SEHENSWERTE ORTE UND AUSFLUGSZIELE

Kakiden ■ A 3
Tokio-Filiale des 260 Jahre alten
Kioto-Restaurants. Kaiseki-Küche in
einem wunderschönen Lokal im
japanischen Teehausstil. Spezielle
Lunchmenüs bis 17 Uhr.
Yasuyo Bldg., 8. Stock (neben dem
My City Shopping Komplex östl.
der Shinjuku Station)
Tel. 33 52-51 21
Bahn/U-Bahn: Shinjuku
Tgl. 11–21 Uhr
Luxusklasse

Kinsen ■ E 5
Feine Kaiseki-Küche in modern japa-
nischem Ambiente. Lunch ist viel
preiswerter als Dinner (ca. 50 DM).
Harumi Dori, Ginza Kintetsu Bldg.,
5. Stock
Tel. 35 61-87 08
U-Bahn: Ginza
Tgl. 11.30–14 und 17–20.30 Uhr
Luxusklasse

Mamaru ■ E 5
Moderne Sushi-Bar im Herzen von
Ginza.
Namiki Dori, Block 7
Tel. 35 71-86 71
U-Bahn: Ginza
Tgl. 17–22 Uhr
Mittlere Preisklasse

Misenso ■ B 3
Man bekommt so viel Fleisch,
Gemüse, Früchte, Eiscreme und
Softdrinks, wie der Magen fassen
kann. Gekocht wird am Tisch.
Nähe Hanazono-Schrein
Tel. 33 54-71 20
U-Bahn: Shinjuku-sanchome
Tgl. 11–22 Uhr
Mittlere Preisklasse

Momiji-ka ■ C 6
Leicht auszumachen an den gigan-
tischen runden Fischbecken vor
dem Restaurant. Drinnen wird der
gewünschte Fisch aus einem weite-
ren Aquarium geholt, sicherer
Beweis dafür, daß er frisch ist. Man
kann ihn roh als Sashimi oder ge-
kocht, gebraten, gesotten oder fri-
tiert essen. Spezielles Lunchmenü.
Zwei Gehminuten von Roppongi
Station entfernt
Tel. 34 79-04 00
U-Bahn: Roppongi
Tgl. 11–21 Uhr
Mittlere Preisklasse

New York Grill ■ A 3
Im höchsten Hotelrestaurant Tokios
im 52. Stock hat man nicht nur
einen fabelhaften Blick auf die
Stadt, sondern auch gleichzeitig auf
das Geschehen in der offenen

Werbeträgerinnen für ein neues Getränk

72

Küche. Echte Erlebnisgastronomie.
Im Hotel Park Hyatt
3-7-1-2 Nishi-Shinjuku, Shinjuku-ku
Tel. 53 22-12 34
Bahn/U-Bahn: Shinjuku
Tgl. von 12–15 und 18–24 Uhr
Obere Preisklasse

Rengati ■ E 5
Westliche Küche auf japanische
Art zubereitet. Sehr beliebt bei
Geschäftsleuten. Köstlich schmeckt
das Schweinekotelett.
Suzuran Dori
Tel. 35 61-75 15
U-Bahn: Ginza
Tgl. 11.15–15.15 und
16.30–20.15 Uhr, So geschl.
Mittlere Preisklasse

Seiyo Hiroba ■ E 5
Mediterrane Ferienatmosphäre mit
entsprechendem Buffet. Abends
mit Live-Musik.
Prime Bldg., 5. Stock
Tel. 3770-17 81
U-Bahn: Ginza
Tgl. 11.30–14 und 18.30–22.30 Uhr
Mittlere Preisklasse

Sendai Sakaba ■ E 5
Nord-Honshu-Küche mit Fisch-
eintöpfen im Winter. Das Lokal ist
am englischen Namen »Japanese
Public Bar Sendai« zu erkennen.
Von Harumi Dori von den Bahn-
gleisen kommend bei Tenshodo
Jewellers links in die Querstraße
Nishigo-Bangai
Tel. 35 64-20 82
U-Bahn: Ginza
Tgl. 16.30–22.30 Uhr, So geschl.
Mittlere Preisklasse

Shirakawago ■ B 3
Ein 300 Jahre altes Landhaus mit
schweren Dachbalken und Tatami-
Böden, in dem Spezialitäten aus der
Region Hida Shirakawa (Flußfische
und Wild) zubereitet werden. Außer-

dem gibt's Sashimi, Tempura und
vorzügliche Nudelgerichte. Sehr hilf-
reich ist die englische Speisekarte.
Am nördlichen Ende von Kabukicho
Tel. 32 00-52 55
U-Bahn: Shinjuku -sanchome
Tgl. 13–23 Uhr
Luxusklasse

Tamagawa-Sushi ■ A 3
Sehr guter, preiswerter Sushi-Laden
in einem etwas heruntergekomme-
nen Gebäude.
Nördlich der breiten Straße Koshu
Kaido in der Nähe des Shinjuku
Kokusai-Theaters
Tel. 33 52-03 71
U-Bahn: Shinjuku
Tgl. 11–23.30 Uhr
Untere Preisklasse

Tatsukichi ■ A 3
Gebratenes Gemüse, Fleisch
und Seafood am Spieß. Man sitzt
während der Zubereitung am Tresen
und beobachtet die Köche in action.
Von Shinjuku Station kommend auf
Koshu Kaido links hinter dem Shinju-
ku Kokusai-Theater in die Gasse
biegen, dann liegt es linker Hand vor
der ersten Querstraße.
Tel. 33 41-93 22
Bahn/U-Bahn: Shinjuku
Tgl. 12–22.30 Uhr
Mittlere Preisklasse

Tentake ■ F 5/F 6
Wenn Sie Fugu probieren möchten,
den berühmt-berüchtigten Kugel-
fisch, sind Sie hier richtig. Saison ist
von Okt.–März. Ansonsten gibt's
auch Tempura, Aal und Krebs-
gerichte.
Nähe Fischmarkt Tsukiji
Tel. 35 41-38 81
U-Bahn: Tsukiji
Tgl. 12–22 Uhr
Mittlere Preisklasse

SEHENSWERTE ORTE UND AUSFLUGSZIELE

Tsukiji Tamazushi ■ F 5
Ginza-Filiale des Sushi-Shops Tsukiji.
Von den Plätzen am Tresen zeigt
man die gewünschten Happen in
der Vitrine.
Flur B2 im Ginza Gore Bldg.
(Nähe Ginza Crossing)
Tel. 35 73-00 57
U-Bahn: Tsukiji
Tgl. 11–22 Uhr
Mittlere Preisklasse

Tsunahachi ■ B 3
Bestes Tempura-Restaurant des
Stadtviertels.
Vom östlichen Ende des Mitsukoshi
Dept. Stores (ca. 30 m nach links auf
der anderen Seite)
Tel. 33 52-10 12
U-Bahn: Shinjuku-sanchome
Tgl. 11.30–22 Uhr
Mittlere Preisklasse

Wine Pub Ginza ■ E 5
Dieses kleine Bistro ist bei den
jungen Büroangestellten zum Wein-
trinken sehr beliebt und relativ
preiswert.
Neben Gomihatchin
Tel. 35 74-19 37
U-Bahn: Ginza
Tgl. 17–23 Uhr
Mittlere Preisklasse

Yukun Sakagura ■ E 5
Kyushu-Regionalküche, die in
einem folkloristisch anmutenden
Raum, ausstaffiert von Star-
Designer Kisaku Ito, serviert wird.
Mittags Yukun Teishoku, Onigiri
(Reisklößchen in Algenblättern)
oder Udon (dicke Nudeln).
Eingang neben Ginza-itchome
Station, gegenüber Yuraku Food
Center
Tel. 35 61-66 73
U-Bahn: Ginza-itchome
Tgl. 17–22 Uhr
Mittlere Preisklasse

Einkaufen

Man muß in Tokio schon sehr stand-
haft sein, um der Versuchung zu wi-
derstehen, sein Geld beim Shopping
anzulegen. Das Angebot ist nicht
nur überwältigend, vieles ist sogar
preiswerter als daheim.

Antiquitäten

Tokyo Antique Hall
Mindestens einen halben Tag Zeit
sollten Sie sich nehmen, um in den
35 Shops der Hall zu stöbern. Auch
wenn die Waren ausgezeichnet
sind, kann man hier (wie fast überall
auf der Welt) ausnahmsweise versuchen zu handeln.
Meiji Dori in Ikebukuro
Bahn: Ikebukuro

Shop Kurofune ■ C 6
Seit mehr als 20 Jahren wird
dieser Laden von einem Amerikaner
betrieben. Interessant, weil er unre-
staurierte und damit preiswertere
Antiquitäten im Sortiment hat.
Nähe Roppongi Station

Boutiquen

Die größte Ansammlung exklusiver
Boutiquen verzeichnet **Ginza**. Häufig verbergen sie sich gleich stock-
werkeweise in Gebäuden, die von
außen wie ein schlichtes Bürohaus
aussehen. Tokios »Champs-Élysées« indes liegt im Stadtteil **Harajuku**. Entlang der **Omotesando
Avenue** und ihrer südlichen Verlän-
gerung reihen sich Designershops
von Rang und Namen u. a. in den
Gebäuden **La Forêt** und **Vivre 21**.
Benötigen Sie unbedingt englische
Beratung, sollten Sie in die die
Arkaden des Hotel Imperial gehen.
1-1-1 Uchisaiwaicho, Chiyoda-ku
U-Bahn: Hibiya

Elektronika ■ F3

Ein Paradies für alle Elektronika-Fans ist das Viertel **Akihabara** mit mehr als 600 Läden. Einige Geschäfte, wie **Yamagiwa**, **Laox** oder **Hirose Musen,** haben spezielle Exportabteilungen. Die Preise liegen durchschnittlich 10 Prozent unter den unsrigen. Achten Sie beim Kauf darauf, daß Sie zumindest eine englische Gebrauchsanweisung und eine weltweite Garantie dazubekommen und daß Stecker und Voltzahl zu unserem System passen. Am Wochenende sehr voll!
Bahn: Akihabara

Flohmärkte

Am Togu-Schrein ■ B5

Eine wahre Fundgrube für Souvenirjäger.
1. und 2. So im Monat

Roi Building ■ C6

Auf den Stufen des Roi Bldg. in Roppongi.
4. Do und Fr im Monat

Am Nogi-Schrein ■ C5

Bei der Nogizaka Station
2. So im Monat

Am Hanazono-Schrein ■ B3

Shinjuku
2. und 3. So im Monat

Geschirr

Das notwendige Geschirr für japanisches Essen stapelt sich in den Shops um den **Fischmarkt Tsukiji** südlich von Ginza oder in **Asakusa** auf der Kappabashi Dori bis zur Decke.

Japanische Holzdrucke

Sakai Kokodo Gallery und Nakazawa ■ E5

Natürlich muß man für alte Drucke in guter Qualität und von berühmten Künstlern wie Hirshige oder Kinisada viel Geld hinblättern, aber es gibt auch günstige Schnäppchen. Das sind meist Nachdrucke von alten Holzschnitten oder neuen Drucken. Beide gegenüber dem Imperial Hotel
U-Bahn: Hibiya

Elektronik-Meile in Akihabara: mehr als 600 Läden werben mit Angeboten

SEHENSWERTE ORTE UND AUSFLUGSZIELE

Japanische Papierwaren

Washikobo ■ C 6
Dieser Shop hat sich auf japanische
Papierwaren spezialisiert.
Einige Min. von Roppongi Station
Richtung Shibuya auf der rechten
Seite

Kurodaya
Hier werden seit 1856 Pappmaché-
Masken, Schachteln und Drachen
verkauft.
Asakusa, gleich neben dem
Kaminarimon Gate
U-Bahn: Asakusa

Kameras

Yodobashi ■ A 3
Der größte Kamerashop Tokios.
Mit ca. 30 000 verschiedenen
Produkten zählt er zu den größten
der Welt.Shinjuku, nahe dem gleich-
namigen Bahnhof auf der Westseite
Camera no Kimura
Second-Hand-Shop mit sehr preis-
werten Kameras.
Westlich der Ikebukuro Station

Kunsthandwerk
In den folgenden Läden ist das
Angebot sehr ähnlich. Es reicht von
Keramiken über Holzdrucke, Seiden-
stoffe, Lackwaren, Puppen bis zu
Kimonos.
Bingoya ■ B 3
Shinjuku, 15 Min. von der
Akebonobashi Station
Chicago ■ B 5
Omotesando
U-Bahn: Omotesando
Japan Tradition Craft Center ■ B 5
Plaza 246 Bldg., 2. Stock
Kreuzung Gaien-Nishi Dori und
Aoyama Dori 3 Gehmin. von der
U-Bahn Station Gaienmae entfernt
Ishizuka ■ E 4
Sotobori Dori fast auf Höhe der
Tokyo Station

Oriental Bazaar ■ B 5
Neue und gebrauchte Kimonos.
Letztere sind, auch wenn es sich
um die herrlichen handgewebten
und bestickten Hochzeitsgewänder
handelt, durchaus erschwinglich.
Harajuku, Omotesando Dori
U-Bahn: Omotesando

Plastic Food
Zahlreiche Läden im Stadtteil Asa-
kusa bieten das witzige **Plastic
Food** an, das Sie in vielen Restau-
rantvitrinen sehen.
Asakusa, nahe der Tawaramachi
Station

Puppen

Yoshitoku Dolls
Neue und antike japanische Puppen
werden hier bereits seit 1711 ver-
kauft.
Ca. 200 m von der Asakusabashi
Station entfernt

Schwerter

Japan Sword ■ D 5
Hier wird jeder »Fan« der scharfen
Klingen fündig.
Nähe U-Bahn Station Toranomon
oder Kamiya-cho

Tee

Tsutaya ■ B 5
Wer sich daheim für eine Teezeremonie ausstatten möchte oder
schöne Vasen sucht, findet hier
die notwendigen Accessoires.
Nähe Omotesando Station

Warenhäuser
Diese Department Stores sind
Institutionen für sich. Riesig
groß und hervorragend gestylt, bieten sie ein reichhaltiges Repertoire
von Waren unter einem Dach, daneben Kunstgalerien, Reisebüros,

TOP TE 5

Restaurants, Supermärkte und betreute Spielplätze. Von feinsten Hochzeitskimonos bis zur Topdesigner-Kleidung – in diesen Supershops kann man tagelang stöbern, besonders nach traditionellen japanischen Produkten wie Lackwaren, Porzellan, Tabletts und Untersetzern, Spielzeug, Sportkleidung etc.

Das Untergeschoß ist normalerweise Eßwaren und Getränken vorbehalten. Unbedingt anschauen! Im englischsprachigen »Tokyo Journal« werden Ausverkäufe angepriesen (meist im Juni und Dez.). Dann kostet Designerkleidung nur ein Bruchteil des Originalpreises. Allerdings sollten Sie gegen Klaustrophobie gefeit sein, denn Massen japanischer Hausfrauen im Kaufrausch drängeln um die Tische.

Isetan	■ B 3
Shinjuku	
Matsuya	■ E 5
Ginza	
Seibu	■ A 6
Shinjuku	
Takashimaya	■ F 4

Am Abend

Erweckt die Metropole tagsüber den Eindruck einer einförmigen, grauen Steinwüste mit einigen grünen Farbtupfern darin, so nimmt sie in einigen Stadtteilen bei Einbruch der Dunkelheit ein wahrhaft atemberaubendes Gesicht an. In **Akasaka** z. B. verstecken sich hinter unauffälligen Eingängen jede Menge Geisha- und Hostessen-Bars. Nachtclub-Besuche sollten Sie in **Ginza** von der Liste streichen, wenn Sie nicht gerade in Begleitung eines wohlhabenden Gönners ausgehen oder selbst über das nötige Kleingeld und Bar-Connections verfügen; einige tausend Mark für Mädchen und Champagner sind da schnell beisammen. Von allen Vergnügungsvierteln Tokios findet man sich in **Roppongi**, mit einer Fülle von Trink- und Speiselokalen, Diskos, Bars und Kneipen, als Ausländer noch am besten zurecht. **Shibuya** ist besonders auf junge Leute eingestellt. Hier findet man relativ

TOP TEN 9

Wahre Fundgruben – die Department Stores in Shinjuku

SEHENSWERTE ORTE UND AUSFLUGSZIELE

preiswerte Kneipen, Cafés, Clubs mit Live-Musik und Diskos. In **Shin-juku**, im Viertel **Kabuki-cho** tobt das wildeste Nachtleben der Stadt. Hier reiht sich ein buntes Potpourri von Bars und Diskos für Hetero- und Homosexuelle, Striptease-Lokalen, Türkischen Bädern, Massagesalons und und und…

Aber auch die traditionelle Unter-haltung kommt in Tokio nicht zu kurz. Der Besuch eines **Kabuki-** oder **Bunraku-Theaters** ist allein wegen der Optik und des Ambien-tes lohnenswert.

Auch am Abend gilt: Lassen Sie sich von der Hotelrezeption eine Orientierungshilfe mit auf den Weg geben, damit Sie ein paar unbeschwerte Stunden genießen können, ohne sich lang und um-ständlich auf die Suche machen zu müssen.

Birdland　　　　　　■ C6
Tokio ist eine der besten Städte der Welt, um Jazz zu hören. Im Untergeschoß des Square Bldg. Tel. 34 78-34 56 U-Bahn: Roppongi

Body & Soul　　　　　■ C6
Gehört mit zu den beliebtesten Jazzlokalen der Stadt. Auf dem Bd. unter der Schnell-straße Nähe Arby's Tel. 34 08-20 94 U-Bahn: Roppongi

Bogey's Bar　　　　　■ C6
Diese Bar ist genau das richtige für einen ruhigen Drink. Sie ist Rick's Café aus dem Film »Casablanca« nachempfunden. Etwas schwierig zu finden. Im 4. Stock im Gebäude neben Déja vu Tel. 34 78-19 97 U-Bahn: Roppongi

In Roppongis Vergnügungsviertel reiht sich eine Bar an die nächste

The Cave ■ A 6
Eines der besten Musiklokale Tokios.
Nähe Tokyu Honten Dept. Store
Tel. 37 80-07 15
Bahn/U-Bahn: Shibuya

Charleston ■ C 6/D 6
Samstag nachts eine der populär-
sten Bars für Ausländer jeder
Couleur.
3-8-11 Roppongi
Tel. 34 02-03 72
U-Bahn: Roppongi

Club Maiko ■ E 5
Wer unbedingt echte Geishas
erleben will und sich von anderen
Touristen nicht gestört fühlt, ist hier
richtig.
Aster Plaza Bldg.
Tel. 35 74-77 45
U-Bahn: Ginza

Cordon Bleu ■ C 5
Berühmter Nachtlub (mit 150 Plätzen) à la Moulin Rouge in Paris, allerdings viel intimer.
6-6-4 Akasaka
Tel. 35 82-78 00
U-Bahn: Akasaka

Déja vu ■ C 6/D 6
In einer kleinen Seitengasse
verborgen, verbreiten die knallbunt
bemalten Wände dieser Bar eine
fast psychedelische Atmosphäre.
3-15-24 Roppongi
Tel. 34 03-87 77
U-Bahn: Roppongi

Ex ■ C 6
Wer nicht auf deutsches Bier verzichten will, findet in diesem, von
einem Deutschen namens Horst
geführten, winzigen Lokal vielleicht
sogar seine Lieblingsmarke.
7-7-6 Roppongi
Tel. 34 08-54 87
U-Bahn: Roppongi

Auch in Japan ein Thema...

Ginza Noh-gakudo ■ E 5
Hier wird der rituelle, fast hypno-
tische Tanz der maskenverzierten
Akteure – nur Männer – geboten.
Im 8. Stock des Ginza Noh-gakudo
Bldg.
Tel. 35 71-01 97
U-Bahn: Ginza
Tgl. 17.30 oder 18 Uhr
Eintritt zwischen 3000 und
10 000 Yen

Henry Afrika ■ D 5
Beliebter Treffpunkt von Büro-
angestellten im Safari-Ambiente. Ei-
ne Filiale davon liegt in Roppongi.
Akasaka Ishida Bldg.
Tel. 35 85/01 49
U-Bahn: Kokkaigijidomae

Hofbräuhaus ■ B 3
Deutsche Lieder, deutsches Essen
und reichlich Japaner.
Yasukuni Dori
Tel. 32 07-75 91
U-Bahn: Shinjuku-sanchome

SEHENSWERTE ORTE UND AUSFLUGSZIELE

Java Jive ■ C 6
Mal Live-Reggae, mal Disko-Musik.
Der Tanzschuppen ist der beliebteste.
Im Square Bldg.
Tel. 34 78-00 87
U-Bahn: Roppongi

Kabukiza
Das berühmteste **Kabuki-Theater**
Tokios. Kunstvoll geschminkte Akteure (auch hier wiederum nur Männer) zeigen ein grandioses Spektakel, das sich vom 17. Jh. bis heute kaum verändert hat.
Ginza
Tel. 35 41-31 31
U-Bahn: Station Higachi-ginza
Matinee 11 bzw. 11.30–16 Uhr,
abends von 16.30 bzw. 17–21 Uhr

Kanze No-gakudo ■ A 6
No-Theater. Gemächlich vorangetriebenes Spiel, das von Leidenschaften, tragisch-heroischer Treue, übernatürlichen Dingen oder mental konfusen Personen handelt.
Zwei Blocks nördlich vom Tokyo
Dept. Store
Tel. 34 69-52 41
Bahn/U-Bahn: Shibuya
Tgl. 17.30 oder 18 Uhr
Eintritt zwischen 3000
und 10 000 Yen

Lexington Queen ■ C 6
Seit Jahren ein Treffpunkt ausländischer Showgrößen und Models –
eine Institution in Roppongi.
Daidan Goto Bldg.
Tel. 34 01-16 61
U-Bahn: Roppongi

Maggie's Revenge ■ C 6/D 6
Die Live-Musik ist zwar nicht immer die beste, doch manche »Expartriates« stehen trotzdem jeden Abend am Tresen.
3-8-12 Roppongi
Tel. 34 79-10 96
U-Bahn: Roppongi

Misterio ■ C 6
Neuester Treff der Semi-Reichen und Semi-Berühmten.
Phoenix-Bldg., Roppongi
Tel. 35 86/65 18
U-Bahn: Roppongi

Nationaltheater von Japan ■ D 4
Bunraku ist das japanische Puppenspiel für Erwachsene. Manövriert von drei schwarzgekleideten Puppenspielern, bietet es eine faszinierende Show.
März, Sept., Dez. tgl. 1–2 Mal
U-Bahn: Stationen Kojimachi, Nagata-cho oder Hanzomon

DER BESONDERE TIP

Walks and Hikes around Tokio Wer mal etwas anderes als Großstadtluft schnuppern will und Bewegung braucht, sollte sich dieses kleine Taschenbuch zulegen. Darin sind zahlreiche Wandertouren rund um die Millionenstadt beschrieben.

Neo Japonesque ■ C 6
Hier sorgt eine Laser-Show für die
optische Auflockerung des schwarz-
weißen Interieurs.
Roppongi Forum Bldg.
Tel. 35 86/00 50
U-Bahn: Roppongi

Pit Inn ■ B 3
Sammelstelle für Blues- und
Jazz-freaks mit einheimischen und
ausländischen Interpreten.
Westlich von Isetan Department
Store
Tel. 33 54-20 24
U-Bahn: Shinjuku-sanchome

Rock'n Roll Alba
Hier wird nach Oldies getanzt. Im
Eintrittspreis sind alle Getränke, die
man innerhalb von 90 Minuten
schlucken kann, enthalten.
Tel. 35 85-23 98

Rondo-Club
Schicke Disko mit schicker
Schickeria.
Tel. 35 89-67 07

Satin Doll ■ C 6
Jazzlokal mit gemischtem Publikum
Im 3. Stock des Haiyuza Bldg.
Tel. 34 01-30 80
U-Bahn: Roppongi

Ultra Vivid Scene ■ C 6
Gemütlich-kitschige Bar zum
Sehen und Gesehen werden.
4. Stock, Ito Bldg.
Roppongi
Tel. 54 74/43 66
U-Bahn: Ropppongi

Vagabond ■ A 3
Gemütliches Jazzlokal mit reichlich
ausländischer Klientel.
1-4-20 Nishi-Shinjuku
Westlich von Shinjuku Station,
Nähe Odakyu Department Store
Tel. 33 48/91 09
U-Bahn: Shinjuku

Volga
Diese Kneipe repräsentiert eine
Trinkstätte der älteren Generation.
1-4 Nishi-Shinjuku, vom Vagabond
die Straße aufwärts
Tel. 33 42/-49 96
U-Bahn: Shinjuku

In der Riesenstadt Tokio gibt's noch
jede Menge mehr Diskos, Clubs
und Bars. Naturgemäß wechselt die
Szene ständig. Nicht zuletzt auch
die Plätze der sogenannten House
Parties. Neueste heiße Adressen
finden Sie im »Tokyo Journal«.
In erstklassigen Hotels weiß auch
der Concierge Bescheid.

SEHENSWERTE ORTE UND AUSFLUGSZIELE

Ausflugsziel
Izu-Halbinsel

Von Atami (mit dem Shinkansen ab Tokyo Station zu erreichen) führt eine aussichtsreiche Bahnstrecke an der Küste entlang bis nach Shimoda, dorthin, wo Commodore Perry 1854 an Land ging. Die gesamte Halbinsel ist mit Bambuswäldern und heißen Quellen, in denen man baden kann, übersät. Die Westküste ist bedeutend schöner als die Ostküste. Allerdings ist sie nur per Bus ab Shimoda zu erreichen. Für eine ausgedehnte Besichtigungstour lohnt sich hier ausnahmsweise ein Mietwagen, mit dem Sie dann ins herrliche, wenig bewohnte Innere von Izu vorstoßen können. Unter den Küstenorten ist Shimoda der einzig interessantere. Direkt bei der Bahnstation führt eine Seilbahn auf den Mount Nesugata. Von oben hat man einen herrlichen Blick auf Stadt und Bucht. Etwa 25 Minuten zu Fuß vom Bahnhof entfernt liegt der Ryo-sen-ji Tempel. Hier wurde der Vertrag zwischen Kommandant Perry und den Repräsentanten des Tokugawa Shogunats unterzeichnet. Gleich nebenan befindet sich der Choraku-ji Tempel mit einer Sammlung erotischer Kuriositäten. Witzig sind die Bilder, auf denen das Leben der Kurtisane Okichi-san dargestellt ist, die ihren Liebhaber verließ, um einem »Barbaren« zu dienen.

Hotel

Shimoda Onsel Hotel
Neben seinen Tatami-Zimmern verfügt dieses Ryokan über einen Freiluftpool und Bäder mit heißem Wasser aus natürlichen Quellen.
Tel. 055 82-2 31 11
63 Zimmer
Obere Preisklasse

Heiße Quellen und Lavagestein kennzeichnen die Halbinsel Izu

Japan-Kenner sprechen von Kyoto als der schönsten und romantischsten Großstadt Japans – auch wenn man bei der Einfahrt mit dem Shinkansen erst enttäuscht ist.

Kyoto

Da protzt der **Kyoto Tower** im Vordergrund, und moderne Hochhäuser und Hotels rund um den Bahnhof lassen die Stadt wie jede andere im Land erscheinen. Doch bereits auf der Fahrt in Ihr Hotel werden Sie merken, daß Kyoto anders ist. Gebäude, die nicht mehr als drei oder vier, häufig sogar nur zwei Stockwerke hoch sind, enge Straßen, deren Häuser mit Pflanzen geschmückt sind, Tempel und Schreine, die mal durch schlichte Eleganz, mal durch opulente Holzschnitzereien ins Auge fallen. Dazu gehört auch das Haupttor des buddhistischen **Nishi Honganji-Tempels**, zweihundert Meter hinter der Station.

Als einzige Großstadt Japans wurde Kyoto während des Zweiten Weltkriegs von Bomben verschont – angeblich auf Intervention eines amerikanischen Japan-Liebhabers in hoher Position. Glücklicherweise hat es auch beim großen Erdbeben im Januar 1995 wenig abbekommen. So kann man noch heute das 1200 Jahre alte Kyoto bewundern, mit

Kyoto ist berühmt für seine Tempelgärten: hier der Nanzenji-Tempel

einem Großteil historischer Bauwerke, die, aus Holz gebaut, zwar auch in der Vergangenheit viele Male durch Feuer, Erdbeben oder Menschenhand zerstört, aber meistenteils originalgetreu wieder aufgebaut wurden. Einige hundert Tempel und Schreine sollen es sein, die sich locker über die Großstadt mit ihren eineinhalb Millionen Einwohnern verteilen oder sich zu Füßen der bewaldeten Hügelkette, die die Stadt an drei Seiten umschließt, verstecken. Daneben gibt es zahllose Paläste und aristokratische Villen, Geisha-Häuser und Theater, Werkstätten des alten Kunsthandwerks und Gärten, deren Ursprung viele hundert Jahre zurückreicht.

Kyoto gilt, zusammen mit Nara, als die **Wiege der Nation**. Hier ließen sich die Japaner zuerst nieder, entwickelten Kunst und Kultur und fanden zu ihrer Identität. 794 nach Plänen der damaligen Hauptstadt Chinas, Changan, im Schachbrettmuster angelegt, diente **Heiankyo** (»Stadt des Friedens und der Ruhe«) bis 1868 als Sitz des Kaisers. Bereits Anfang des 9. Jahrhunderts sollen hier mehr als eine halbe Million Menschen gelebt haben. Etwa vom 9. bis 12. Jahrhundert entwickelte sich, zunächst unter chinesischem Einfluß, dann mit wachsender Macht und Reichtum der Aristokraten, eine eigenständige höfische Kultur, die ihren Ausdruck in der Malerei und der Schrift und damit in der Poesie und Literatur fand. Der Buddhismus hatte seine Blütezeit, viele Tempel entstanden, Schulen wurden für die Kinder der Noblen gebaut, und jeder Gelehrte war sowohl des Japanischen als auch des Chinesischen mächtig.

Kyoto – Zentrum der Macht

Gegen Ende der **Heian-Periode** wuchs der Einfluß militärischer Clans, woraus eine Serie von Bürgerkriegen resultierte, die Japan die Feudalära der Militärregierungen einbrachte. Die Hauptstadt wurde nach **Kamakura** verlegt, doch nach dem Niedergang des Regimes wurde Kyoto wieder Zentrum der Macht.

Während des **Ashikaga-Shogunats** (1338–1573) entwickelte die Schicht des Schwertadels (Samurai) Kunstformen, die auf neuen ästhetischen Werten wie Teekunst, Keramik- und Lackwarenherstellung, Gartenkunst, Ikebana, Poesie und Architektur beruhten und das No-Theater, die Shoin-Architektur und die Tuschmalerei hervorbrachten. Der **Goldene** und **Silberne Pavillon** stammen ursprünglich aus dieser Zeit.

Von den ständigen Kriegen im Land, die auch Kyoto nicht verschonten, blieben die Künste jedoch unbeeinflußt und gelten noch heute als der Inbegriff japanischer Kultur. Um die verschiedenen Kunstformen verstehen und genießen zu können, lohnt es sich, vorab darüber zu lesen. Sonst bleiben einem viele Dinge, die nicht gleich ersichtlich sind, verborgen.

Viel Zeit für eine Stadt voller Charme

Als sich der erste Tokugawa-Shogun **Ieyasu** in Edo etablierte, blieb die Metropole am **Kamo** zwar weiterhin Hauptstadt, allerdings hatte der Kaiser nichts mehr zu melden. 1868, nach der Entmachtung der Tokugawas und der Restauration der kaiserlichen Macht, verlegte der Tenno seinen Wohnsitz nach Tokio und ernannte letztere zur Hauptstadt. Sicherlich ist es unter anderem diesem Umstand zu verdanken, daß in Kyotos Straßen und Gassen trotz aller moderner Errungenschaften immer noch ein Hauch von Nostalgie schwebt und dem Besucher das Gefühl vermittelt wird, noch ein Stückchen alten Japans zu erleben. Nehmen Sie sich Zeit für diese Stadt, denn Kyotos Charme offenbart sich erst demjenigen, der in Ruhe durch die hübschen Viertel spaziert, in Tempel hineinschaut, die in keinem Reiseführer stehen, die Bewohner bei ihrer täglichen Arbeit beobachtet oder die Stille und »gestylte« Natur der Gärten genießt.

Kulturhistorisch betrachtet ist die alte Kaiserstadt wesentlich interessanter als Tokio. Neben Tempeln und Schreinen sind besonders einige Gärten sehenswert, die übrigens überwiegend zu Tempelanlagen gehören. Schreine unterscheiden sich von den Tempeln durch die **Torii** (Pforten, Tore), die das Betreten von heiligem Boden anzeigen. Die reizvollsten Sakralbauten liegen außerhalb der Stadt. Eine große Hilfe dabei ist das Taschenbuch »Old Kyoto«, welches Sie im Buchladen Maruzen auf der Karwara Machi Dori kaufen können.

Kleine Häuschen mit Gärtchen und Laternen vor der Tür: Das alte Japan lebt

SEHENSWERTE ORTE UND AUSFLUGSZIELE

Hotels und andere Unterkünfte

Hiiragiya ■ K 4
Das Hiiragiya gilt als zweitbestes
Ryokan am Platze. Direkt gegenüber
vom Tawaraya.
Oike-kado, Fuyacho; Nakagyo-ku
Tel. 221-11 36
Fax 221-11 39
U-Bahn: Oike Dori
25 Zimmer
Luxusklasse

Miyako Hotel ■ M 4
Eines der berühmtesten Hotels in
ganz Japan (1890 eröffnet). Im Innern mutet es wie ein Labyrinth an,
weil seine verschiedenen Flügel auf
unterschiedlichen Ebenen liegen.
Auf der illustren Gästeliste stehen
u. a. Queen Elisabeth, Dalai Lama,
Ronald Reagan, sogar Albert Ein-
stein hat hier genächtigt. Blick auf
einen japanischen Garten.
Sanjo Keage, Higashiyama-ku
Tel. 771-71 11 (in Deutschland zu
buchen über Leading Hotels of the
World, Tel. 0130/85 21 10)
Fax 751-24 90
Straßenbahn: Keage
370 Zimmer und Suiten sowie
20 Räume mit Ryokan-Atmosphäre
Obere bis Luxusklasse

Myorenji-Tempel ■ I 2
Der buddhistische Tempel wurde
vor 650 Jahren gegründet, die
Gebäude selbst sind etwa 200 Jahre
alt. Man schläft auf Futons in
großen Zimmern. Der Preis beinhaltet Frühstück, Dinner und ein Ticket
für das öffentliche Bad nebenan.
Rechtzeitige Reservierungen sind
unbedingt erforderlich.
Teranouchi Horikawa, Kamigyo-ku
Tel. 451-35 27
Bus: Nr. 9
5 Zimmer
Untere Preisklasse

New Miyako Hotel ■ K 6
Eines der beliebtesten Mittelklasse-
hotels bei jungen Japanern und
ausländischen Touristen. Es liegt
gegenüber dem Hauptbahnhof.
Hachijo-guchi, Kyoto Station
Tel. 661-71 11
Fax 661-71 35
235 Zimmer

Pension Higashima ■ M 4
Ein hübsches kleines Haus im
Western-Style an einer schmalen
Gasse. Nähe Miyako Hotel. Einige
der Zimmer mit eigenem Bad.
Sanjo-sagaru, Shirakawa-suji
Tel. 882-11 81
Fax 761-81 38
Straßenbahn: Keage
14 Zimmer
Mittlere Preisklasse

Ryokan Hiraiwa/
Annex Hiraiwa ■ K 5
Typisch japanisches Gasthaus mit
Tatami-Böden in den Räumen,
unweit vom Zentrum und Bahnhof.
Globetrotter-Treff.
314, Hayacho-cho, Kaminokuchia-
garu, Ninomiyacho Dori, Shimogyo-ku
Tel. 351-67 48
Fax 351-69 69
21 Zimmer
Untere Preisklasse

Ryokan Murakamiya ■ K 5
Nur ein paar Gehminuten von
Kyoto Station entfernt, bildet dieses
schlichte, aber saubere kleine
Gasthaus mit seinen freundlichen
Inhabern einen optimalen Aus-
gangspunkt für Stadttouren. Alle
Zimmer sind japanisch eingerichtet.
Badezimmer auf der Etage.
270, Sasaya-cho, Shichijo-agaru;
Higashinotoin Dori, Shimogyo-ku
Tel. 371-12 60
Fax 371-71 61
12 Zimmer
Untere Preisklasse

Tani House ■ I 1

Bei Budgettravellern weltweit berühmt für seinen sensationell niedrigen Preis. Das 50 Jahre alte Haus, von Mrs. Tani betrieben, liegt dicht beim Daitokuji-Tempel. Geschlafen wird auf Futons in Schlafsälen oder in kleinen Privatzimmern. Mrs. Tani erwartet, daß man sich zwischen 11 und 15 Uhr nicht im Haus aufhält.

8, Daitokuji-cho, Murasakino; Kita-ku
Tel. 492-54 89
Fax 493-64 19
Bus Nr. 1
Untere Preisklasse

The Tawaraya of Kyoto ■ K 4

Vielleicht das schönste, aber auch eines der teuersten Ryokans des ganzen Landes. Eine japanische Wunderwelt à la »Shogun«, in der die Zeit vor 300 Jahren stehengeblieben zu sein scheint. Bereits seit elf Generationen im Besitz der Familie der heutigen Inhaberin Mrs. Toshi Satow, macht es nur wenige Konzessionen an Modernität. Man schläft auf Futons auf dem weichen Tatami-Boden, bekommt zum Dinner ein wahrhaft kaiserliches Kaiseki-Mahl und genießt von jedem der Zimmer den Blick auf einen kunstvoll arrangierten Garten. Wer über das nötige Budget verfügt, sollte sich unbedingt eine Nacht hier gönnen. Frühstück und Dinner sind im Preis eingeschlossen.

Fuyacho, Oike-Sagaru; Nakagyo-ku
Tel. 211-55 66
Fax 211-22 04
U-Bahn: Oike Dori
19 Zimmer
Luxusklasse

Yachiyo ■ M 3

Dieses zauberhafte Ryokan besticht nicht nur durch seine Architektur, sondern ebenso durch den herrlichen Garten und seine Lage nahe des Nanzenji-Tempels.

Nanzenji; Sakyo-ku
Tel. 771-41 48
Fax 771-41 40
Bus Nr. 5
25 Zimmer
Obere Preisklasse

Yuhara ■ K 5

Ganz in der Nähe von Hiraiwa liegt dieses Haus an einem baumgesäumten, schmalen Kanal und wird von einer sehr enthusiastischen, englisch sprechenden Patronin geführt. Von seinen Zimmern ist eines im westlichen Stil eingerichtet, drei haben eigene Waschgelegenheiten.

Kiyamachi Dori, Shomen-agaru; Shimogyo-ku
Tel. 371-95 83
Fax 371-95 83
9 Zimmer
Untere Preisklasse

Spaziergänge

Mehr noch als in Tokio öffnet sich die alte Kaiserstadt dem Besucher erst auf Spaziergängen. Man kann fast sagen, daß Kyoto, abgesehen von seinen eindrucksvollen Tempeln, vom Busfenster aus eher enttäuschend ist. Oberflächlich betrachtet, unterscheidet es sich kaum von anderen Großstädten. Wer aber die kleinen Straßen durchwandert, dem zeigt sich eine gehörige Portion alten Charmes. Man entdeckt winzige Läden, die sich in den letzten hundert Jahren kaum verändert haben, sieht Kunsthandwerker in ihren Studios sitzen, alte Männer oder Frauen, die liebevoll den Garten pflegen, oder durch offene Fenster niedliche Küchen.

Im Garten des Ryogen-in-Tempels

Kyoto ist nach einem antiken chinesischen Plan im Schachbrettmuster angelegt, das heißt, richtig verlaufen kann man sich eigentlich nie. Sie bekommen einen guten Eindruck vom täglichen Leben der Stadt, wenn Sie vom **Nanzenji-Tempel** in gerader Linie durch die Wohnviertel Richtung **Kamo** laufen und dann irgendwo vor dem Fluß rechts Richtung **Marutamachi Dori** abbiegen. Auf dieser breiten Straße geht's linksherum und über den Fluß bis zur **Teramachi Dori**, einer hübschen, überdachten Einkaufsstraße. Interessant, weil mit traditionellen Häusern bestückt, sind die kleinen Querstraßen. Halten Sie sich auf der **Oike Dori** links, so stoßen Sie zwei Straßen weiter auf die **Ponto-cho**, die allerdings erst am Abend zu richtigem Leben erwacht. Gehen Sie hingegen weiter auf der Teramachi Dori, so finden Sie auch in den nächsten Vierteln auf Abstechern nach rechts hübsche Gassen. Linker Hand, also gen Osten, liegt auf der anderen Seite des Flusses der zauberhafte Stadtteil Gion mit seinen Geisha-Häusern und zahlreichen Tempeln. Sehr beschaulich ist auch das alte Weberviertel Nishijin nordwestlich des Zentrums, welches man am schnellsten mit den Bussen der Linie 9, 21 oder 50 erreicht.

Sehenswertes

Daitokuji-Kloster ■ I 1

Zu Beginn des 14. Jh. als erstes der fünf großen Zen-Klöster gebaut, beinhaltet der Komplex die größte Anhäufung von Gebäuden aus der Muromachi-Zeit (1392–1592).
Zu ihm gehören mehr als zwanzig kleinere, von Mauern umgebene Anlagen, die einige der berühmtesten Gärten Kyotos einschließen: z. B. **Daisen-in**, **Zuiho-in**, **Ishidan**, **Totekiko** und **Ryugintu**. Ganz versteckt zwischen Gärten und Bauwerken befindet sich südwestlich des Eingangs das vegetarische Restaurant Izusen.
Bus Nr. 1
Klosteranlage tgl. 9–16.30 Uhr

Ginkakuji/Silberner Pavillon ■ M 2

Von Nanzenji führt der sogenannte **Philosophenweg** entlang eines kleinen Kanals zum Ginkakuji, auch als Silberner Pavillon bekannt. In unmittelbarer Nähe dieser Strecke liegen der **Eikando-**, der **Reikanji-** und der **Honen-in-Tempel**. Der Pavillon wurde 1482 als Alterssitz für Shogun Yoshimasa Ashikaga gebaut, der einen silbernen Nachbau des »Goldenen Pavillons« beabsichtigte, den sein

TOP TEN 1

Der Silberne Pavillon liegt am Philosophenweg

Großvater errichtet hatte. Allerdings starb ersterer vor der Vollendung, und somit fehlt der Außenhaut die Silberauflage. Nach Yoshimasa Ashikagas Tod erhielt die Anlage Tempelfunktion. Neben hübschen Teichen und gewundenen Pfaden erhebt sich im Garten ein Sandkegel aus feinen Kieselsteinen, der den Fuji symbolisiert.
Bus Nr. 203
Tgl. 9–16.30 Uhr

Heian-Schrein　■ L 3

Mit seiner leuchtend roten Bemalung unter grünen Dachziegeln gehört er zu Kyotos eindrucksvollsten Schreinen. 1894 anläßlich der 1100-Jahr-Feier der Stadt errichtet, ist er allerdings nur eine kleinere Ausführung des ersten Kaiserpalastes von 794. Sein schöner Park ist für die Kirschblüte und das farbige Laub der Ahornbäume im Herbst berühmt.
Bus Nr. 5
Tgl. 8.30–16.30, im Sommer bis 17.30 Uhr

Inari-Schrein

Mit der JR Nara Line vom Hauptbahnhof aus fahren Sie bis Inari Station; fünf Gehminuten östlich liegt der gleichnamige Schrein. Hinter dem ersten Torii leuchtet schon das Rot des großen Haupttores, der reichdekorierte Schrein zeigt die Architektur der Momoyama-Zeit. Ein herrlicher, 4 km langer Spaziergang auf einer Allee mit 1000 eingesetzten Torii führt von einem Platz auf dem Schreingelände durch die Wälder des Fushimi-Berges. An verschiedenen Stellen des Weges können Sie sich an kleinen Imbißstuben stärken.

1894 erbaut – der Heian-Schrein

Kaiserpalast　■ K 2

Von Feuern mehrmals zerstört, stammen die jetzigen Bauwerke (Thronhalle und Zeremonienhalle sowie weitere untereinander verbundene Gebäude) aus dem Jahr 1855. Sie liegen mitten in einem prachtvollen Park. Um die Anlage zu besichtigen, benötigen Sie eine Besuchserlaubnis, die Sie nach Vorlage des Reisepasses im Kaiserlichen Haushaltsamt an der Westseite des Parks, gegenüber dem Eingangstor zum Palast, erhalten. Mit diesem Schein können Sie sich dann am nächsten Tag einer der beiden täglichen Führungen anschließen, die jeweils 30 Minuten dauern.
Bus Nr. 4, 5 oder 14;
U-Bahn: Marutamachi
Mo–Sa 10 und 14 Uhr, außer jeden 2. und 4. Sa im Monat

Katsura-Palast ■ G 6

Am südwestlichen Stadtrand von Kyoto gelegen, gilt diese 1620–1624 vom Prinzen Toshito gebaute Anlage als Juwel traditioneller japanischer Bauweise im Shoin-Stil. Zwar wurden wertvolle Hölzer (Sandel- und Ebenholz) als Baumaterial eingesetzt und mit kunstvollen Details wie den Griffen der Schiebetüren oder Wandmalereien verziert, aber das Innenleben zeigt sich durchweg schlicht und in unserem Sinne leer. Wirklich bezaubernd ist der dazugehörige Teichgarten, der nach jeder Biegung des ihn durchlaufenden Pfades ein völlig neues Bild eröffnet. Die Architektur dieser Palastvilla hat großen Einfluß auf andere Bauwerke Japans und auch anderswo auf der Welt genommen. Auch hierfür benötigen Sie die Erlaubnis des Kaiserlichen Haushaltsamts (→ Kaiserpalast).

Mit der Hankyu Electric Railway Kyoto Line, Station Katsura oder Bus Nr. 33
Führungen Mo–Sa 10 und 14 Uhr, außer an Feiertagen und jedem 2. und 4. Sa im Monat

Kinkakuji/Goldener Pavillon ■ H 1

Der verspielte Bau inmitten eines prachtvollen Parks gehört zu den berühmtesten Sehenswürdigkeiten Kyotos. An seinen ursprünglichen Erbauer, Shogun Yoshimitus Ashikaga, erinnert man sich indes eher ungern, hatte er sich doch nach seiner Abdankung Ende des 14. Jh. hierher in schamlosen Luxus zurückgezogen, während das Volk unter Hunger, Erdbeben und Pest litt. 1950 von einem angehenden Mönch abgefackelt (von diesem Ereignis erzählt Yukio Mishimas Roman »Der Tempel mit dem Goldpavillon«), wurde er 1955 wieder aufgebaut. Zum Park gehören ein sehenswerter Moosgarten und Teehäuser.

Bus Nr. 12 oder 59

Maruyama-Park ■ L 4/L 5

Zu den Hauptattraktionen des Parks gehören die Tempel **Shoren-in**, **Chion-in** und **Kiyomizu** sowie der **Yasaka-Schrein**.

Chion-in
Das 24 m hohe Haupttor aus dem Jahre 1619 beeindruckt durch seinen mächtigen Dachaufbau und wird häufig für den Tempel selbst gehalten. Doch erst am Ende eines breit angelegten Stufenwegs erreicht man die Haupthalle (17. Jh.) und den Versammlungssaal.
Im **Glockenturm** baumelt die mit einem Gewicht von 74 t größte Glocke Japans (1633). In der **Bibliothek** des Tempels lagern mehrere tausend Sutra-Bände, gedruckt 960–1280 in China. Der Tempel wurde 1234 als Zentrum der buddhistischen Jodo-Sekte gegründet.
Tgl. 9–16 Uhr

Shoren-in
Nördlich des Chion-in liegt dieser Tempel, als Residenz für buddhistische Äbte gebaut. Die jetzigen Gebäude stammen aus dem Jahr 1895. Der umliegende Garten gilt als einer der schönsten Kyotos.
Tgl. 9–16.30 Uhr

Yasaka-Schrein
Südlich des Chion-in befindet sich dieser Schrein, 1654 erbaut, mit einem 9,5 m großen Tori aus Stein.

Kiyomizu-Tempel
Folgen Sie dem ausgeschilderten Pfad östlich des Schreins nach Süden, passieren den **Ryozen Kannon-Tempel** sowie den dahintergelegenen **Kyoto-Schrein** und gehen weiter um einige Ecken herum und dann über viele Kurven bergan, entlang zahlreicher Shops mit Töpferwaren und viel Kitsch, so gelangen Sie nach insgesamt ca. 30 strammen Gehminuten zum **Kiyomizu-Tempel**. Er wurde 788 gegründet, 1633 jedoch vom dritten Tokugawa-Shogun Iemitsu neu erbaut. Seine

Veranda mit dem Haupthaus überragt eine Klippe und wird von 139 hohen Holzsäulen getragen. Die Aussicht von oben auf die Stadt ist für schwindelfreie Menschen herrlich. Um einen Eindruck von der Haupthalle zu bekommen, besteigen Sie am besten die dahinterliegende dreistöckige Pagode, die ohne einen einzigen Nagel zusammengefügt wurde. Von hier können Sie zu den **Otowa-Wasserfällen** hinabklettern, deren Wasser Heilkräfte innewohnen sollen. Deswegen werden Sie auch eine Schlange von Japanern sehen, die sich anstellen, um vom kühlen Naß zu trinken.
Bus Nr. 12 oder 203
Tgl. 6–18 Uhr

Nanzenji-Tempel ■ M 4

Auf dem Bild rechts vom Eingang ins Gelände können Sie unschwer erkennen, daß es sich weniger um einen Tempel als vielmehr um eine Tempelanlage mit verschiedenen Gebäuden und Gärten handelt. Gegründet im Jahre 1290, diente sie anfangs als Teil des Palastes von Kaiser Kameyama (1249–1305), der das Ganze zu einem Zen-Tempel umfunktionierte. **Nanzen-in**, ein Subtempel des Nazenji, war der Ruhesitz des Kaisers nach seiner Abdankung 1274. Der herrliche kleine Spaziergarten mit mehreren Teichen, ursprünglich wahrscheinlich während der Edo-Periode angelegt, wurde mehrmals rekonstruiert. Gleich dahinter bzw. vom Eingang her gesehen davor, liegt vor den Räumen der Äbte (Hojo) ein eindrucksvoller Zen-Garten. Etwa im Mittelpunkt des gesamten Tempelkomplexes thronen die **Haupthalle** (1908 rekonstruiert) und das **Hauptportal** (1628), in der Nähe befindet sich ein weiterer Zen-Garten, der **Nanzen-ji Konchin**.
Bus Nr. 5
Tgl. 8–16.30 Uhr

Nijo-Schloß ■ I 3

In diesem Palast residierte der Tokugawa-Shogun während seiner Besuche in Kyoto. Gebaut wurde er Anfang des 17. Jh. von Tokugawa Ieyasu und gilt als Paradebeispiel der sogenannten Momoyama-Architektur, einer auf Repräsentation bedachten Richtung des Shoin-Stils. Das prächtige Bauwerk ist der beste Platz, um eine Idee vom luxuriösen und sicherheitsbedachten Lebensstil der Shogune zu bekommen. Trotz reichhaltigen Schnitzwerks an einigen Decken, großflächigen Malereien auf Goldgrund an Wänden und Schiebetüren, zahlreicher kunsthandwerklicher Erzeugnisse und wertvoller Möbelstücke zeigt sein Innenleben im Gegensatz zu europäischen Nobelbauten aus dieser Zeit eine untertriebene Eleganz. Die 33 Räume sind mit 800 Tatami-Matten ausgelegt, alle Schiebetüren können in der warmen Jahreszeit entfernt werden, so daß die Gebäude durch Luftzug gekühlt werden. Im Winter hingegen muß es empfindlich kalt gewesen sein, denn eine Heizung gab es nicht. Das außergewöhnliche Charakteristikum des Schlosses ist das **Uguisubari**, das Nachtigallenparkett, im ersten Korridor, das auf den leisesten Tritt mit leichtem Quietschton reagiert. Dies sollte den Wachen (die sich z. T. in versteckten Alkoven verbargen) signalisieren, daß sich ein Eindringling näherte.

Rund um Nijojo (jo=Schloß) breitet sich ein herrlicher Park aus, angelegt vom berühmten Gartenbauarchitekten Kobori Enshu. Ursprünglich standen keine Bäume darin, wahrscheinlich weil das Fallen des Laubes im Herbst den Shogun und seine knallharten Samurai an die Vergänglichkeit des Lebens erinnerte und sie traurig stimmte.
Bus Nr. 9 oder 12, 50 oder 52
Tgl. 8.45–16 Uhr, Park bis 17 Uhr

Ryoanji-Garten ■ G 2

Von allen Zen-Gärten Japans sicherlich mit Abstand der bekannteste. Er liegt im gleichnamigen Tempel- und Parkkomplex: 15 Steine auf einem geharkten, grauweißen, ca. 100 qm großen Kieselmeer, auf drei Seiten von einer Mauer und auf der vierten von einer hölzernen Veranda umgeben. Wer dieses ungewöhnliche Stück künstlicher Natur genießen möchte, sollte gegen 8 Uhr morgens kommen. Ab 8.30 Uhr plärrt ein Lautsprecher, und Horden von Schulkindern wechseln sich mit dem Angucken im Fünf-Minuten-Takt ab.

JR Bus

Tgl. 8–16.30, im Sommer bis 17 Uhr

Saihoji-Tempel

Am Fuße der südwestlichen Hügel von Kyoto liegt dieser für seinen Stein- und einzigartigen Moosgarten (mit 40 verschiedenen Sorten) berühmte Tempel. Da die Mönche Angst haben, daß zu viele Besucher der Vegetation Schaden zufügen können, muß man vorher seinen Besuch schriftlich ankündigen. Aufgrund des Andrangs am besten drei Monate im voraus. Angabe von Name, Adresse, Nationalität, Alter und Geschlecht sind notwendig, ebenso ein Umschlag mit internationalem Antwortschein. Der Besuch des Gartens inkl. einer Instruktion (Sutra) kostet die stolze Summe von 3000 Yen.

Saihoji, Matsuo, Nishikyo-ku, Kyoto

Tel. 391-3631

Mit KYOTO Bus 63 bis Endstation Kokedera

Museen

Kyoto Nationalmuseum ■ L 5

In der Mitte des letzten Jh. gegründet, beinhaltet es zahlreiche Objets d'Art aus Kyotos Tempeln und Privathäusern, inkl. einer großen Sammlung von Keramiken, Bildern und Skulpturen.

Shichijo Dori/Higashioji Dori

Bus Nr. 18

Tgl. 9–16 Uhr, Mo geschl.

Berühmtes Beispiel für die Zen-Kunst – der Ryoanji-Garten

SEHENSWERTE ORTE UND AUSFLUGSZIELE

Museum von Kyoto ■ K 4
Untergebracht in zwei Gebäuden, präsentiert es anhand von Video- und Dia-Shows nebst einigen hundert Exponaten die 1200jährige Geschichte der Stadt. In der Film bibliothek stehen Hunderte von klassischen japanischen Filmen, von denen tgl. um 14 und 18.15 Uhr zwei gezeigt werden.
Sanjo-Takakura
Bus Nr. 4, 5, 11 oder 14
Tgl. 9–20 Uhr, Mo geschl.

Museum für Moderne Kunst ■ L 3
Werke moderner japanischer und westlicher Künstler.
Südlich des Okazaki-Parks
KYOTO Bus 17
Tgl. 9–16.30 Uhr, Mo geschl.

Museum des traditionellen Handwerks ■ L 3/L 4
Ausgestellt (und auch verkauft) werden hier Produkte des traditionellen Kunsthandwerks, von der Töpferei über Lackwaren, Schwerter, Bambusgegenstände bis hin zu Puppen.
Südlich des Okazaki-Parks
KYOTO Bus 17
Tgl. 9–16.30 Uhr, Mo geschl.

Sanjusangendo-Halle ■ L 6
Schräg gegenüber des Nationalmuseums gelegen, eigentlich ein Tempel namens **Rengeoin**, der mit mehr als 1000 Abbildungen und Skulpturen der tausendhändigen Gottheit Kannon bestückt ist. Die 3 m hohe Figur in der Mitte wurde 1254 von Tankei, einem berühmten Bildhauer aus der Kamakura-Periode, geschnitzt. Hinter der Halle liegt ein Bogenschießplatz, wo jedes Jahr am 15. Jan. die Hikizome-Zeremonie, ein spektakulärer Schützenwettbewerb, abgehalten wird.
KYOTO Bus 17
Tgl. 8–16 Uhr, im Winter bis 15.30 Uhr

Essen und Trinken

Natürlich gibt es in Kyoto, genauso wie in Tokio, Restaurants aller Preisklassen. Die Stadt ist allerdings für ihre feine und somit teure lokale Küche sehr berühmt, insofern sollte man diese zumindest einmal probieren. Die meisten traditionellen Restaurants liegen im Herzen der Stadt, in **Nakagyo-ku**, oder östlich davon in den Vierteln **Higashiyama-ku** und **Sakyo-ku**. Ballungsräume preiswerter Lokale sind die schmale Gasse **Ponto-cho** und die Gegend um den Hauptbahnhof. Nehmen Sie sich am besten ein Taxi und lassen Sie sich vorher im Hotel in der Karte einzeichnen, wo das Lokal liegt.

Beer Market Ichiba Coji ■ K 4
Viel mehr als ein Bierhaus, auch wenn hier mehr Biermarken vertreten sind als anderswo. Optisch gesehen gehört es zu den aufregendsten New-Age-Restaurants von Kyoto. Serviert wird hier überwiegend Chinesisches, frisch, preiswert und köstlich.
Untergeschoß des Withyou Building, Teramachi Arkade (unweit von Shijo Dori)
Tel. 252-20 08
U-Bahn, Bus, Bahn
Tgl. 11.30–22.15 Uhr
Untere Preisklasse

Bistro Menami ■ K 4/K 5
Serviert wird eine delikate Mixtur aus Okinawa und japanischer Izakaya-Küche. Sehr gemütliche Atmosphäre.
Fujita Bldg./2F, Kiyamachi Dori, Oike Sagaru
Tel. 241-08 66
U-Bahn, Bus, Bahn
Tgl. 11–23 Uhr
Mittlere Preisklasse

Cook-A-Hoop ■ K 4/K 5

Die Speisen des unter Studenten beliebten Lokals sind eine Mischung aus japanischen und karibischen Spezialitäten, untermalt von Pop-Klängen aus aller Welt und Sicht auf den Kamo.
Empire Bldg.
Kiyamachi Dori, Sanjo Agaru
Tel. 221-49 39
Tgl. 16–22 Uhr
Untere bis Mittlere Preisklasse

Ganko Sushi

Sehr beliebtes, lebhaftes Sushi-Lokal, das aber auch Yakitori, Shabu-Shabu und Tempura serviert.
Sano-Kawaramachi, Higashi-iru
Tel. 255-11 28
Tgl. 16.30–22.30 Uhr

Isobe ■ L 4

Liegt am südlichen Ende des Maruyama-Parks und ist somit ein geeigneter Platz, um zum Lunch einzukehren, wenn man zu Fuß zwischen Kiyomizu-Tempel und Heian-Schrein unterwegs ist. Serviert wird Shabu-Shabu, Sukiyaki, Tempura oder Kaiseki.
Ikenohata, Higashiyama-ku
Tel. 561-22 16
Tgl. 10–22 Uhr
Mittlere Preisklasse

Izumoya ■ K 4

Tausendfach am Abend fotografiert, liegt dieses mehrstöckige, auf einer Seite von oben bis unten verglaste Restauranthaus direkt am Kamo.
In der dritten Etage gibt's Shabu-Shabu und Sukiyaki, in der zweiten und vierten Tempura, Sashimi und Aal und im Sommer auf der Terrasse Kaiseki.
Ponto-cho, Shijo-agaru, Nakagyo-ku
Tel. 211-25 01
Tgl. 12–21.30 Uhr, Do geschl.
Obere bis Mittlere Preisklasse

Die durchgängig verglaste Fassade des Restauranthauses Izumoya

SEHENSWERTE ORTE UND AUSFLUGSZIELE

Izusen ■ I 1

Sehr hübsches Gartenlokal mitten in der Anlage des Daitokuji. Das Essen, ausschließlich Vegetarisches, wird in **Teppatsu** angerichtet, den traditionellen Schüsseln, aus denen die Priester früher speisten.
4 Daitokuji-cho, Murasakino, Kita-ku
Tel. 491-66 65
Tgl. 11–17, Do bis 15 Uhr
Obere Preisklasse

Kuru Kuru Zushi ■ K 4

Preiswert und funktionell. Sushis vom Fließband. Das Lokal liegt in der überdachten Teramachi-Arkade nicht weit von Shijo Dori.
Tel. 221-84 29
Tgl. 11.30–21 Uhr, Mi geschl.
Untere Preisklasse

Minokichi of Kyoto

Flaggschiff der gleichnamigen Restaurantkette; in dem aus verschiedenen Räumlichkeiten bestehenden Lokal wird u. a. klassisches Kyoto-Kaiseki im Stil der Heian-Periode zubereitet.
Sanjo-agaru, Dobutsuen-mae Dori, Sakyo-ku
Tel. 771-41 85
Tgl. 11.30–20 Uhr
Luxusklasse

Minoko

Diese Enklave des traditionellen Japan wurde vor 70 Jahren eröffnet. Man versucht hier, ein Teekunst-Ambiente aufrechtzuerhalten. Die Lunchspezialität heißt **chabako-bento**, benannt nach dem Lackkästchen, in dem Utensilien für die Teezeremonie transportiert wurden. Reservierung erforderlich.
480 Kiyoichi-cho, Shimogawara Dori, Gion, Higashiyama-ku
Tel. 561-03 28
Tgl. 11.30–22 Uhr, jeden 2. und 4. Mi im Monat geschl.
Luxusklasse

Misoka-an Kawamichiya ■ K 4

Sehr niedliches Nudellokal mit 300jähriger Geschichte. Seine Spezialität heißt Hokoro, eine Nudelsuppe mit Huhn, Tofu, Pilzen und Gemüse.
Sanjo-agaru, Fuyacho Dori
Tel. 221-25 25
Tgl. 16–20 Uhr, Do geschl.
Mittlere Preisklasse

Musashi ■ K 4

Sushi auf dem Fließband, bezahlt wird nach Farbe und Anzahl der Teller, die man sich herunternimmt.
Kreuzung Kawaramachi/Sanjo, Nakagyo-ku
Tel. 222-06 34
Tgl. 11–22 Uhr
Untere Preisklasse

Nakamuraro ■ L 4

Vor 400 Jahren direkt neben dem steinernen Tor des Yasaka-Schreins eröffnet, diente es damals Gläubigen auf dem Weg zum Tempel als Raststation. Das winzige, einräumige Teehaus soll das älteste ganz Japans gewesen sein und ist auf Tofu Dengaku (Tofu-Spieße in Miso-Sauce) spezialisiert. Dazu gehört gleich nebenan ein hölzernes Lokal aus dem 19. Jh. mit Kaiseki-Küche.
Yasaka-jinja-uchi, Gion
Tel. 561-00 16
Tgl. 11.30–19 Uhr
Luxusklasse

Shinshindo ■ M 2

Im Studentenviertel Kyodai gelegen, ist dieses Lokal die japanische Antwort auf Wiener Kaffeehäuser. Ein Platz, wo eine Tasse Kaffee den ganzen Nachmittag dauern kann.
88 Oiwake-cho, Kita Shirakawa, Sakyo-ku
Tel. 701-41 21
Tgl. 10–18 Uhr
Untere bis Mittlere Preisklasse

Tempura Yoshikawa ■ K 3/K 4
Kleines, gemütliches Lokal mit
traditionellem Ambiente, Tempura
zum Lunch kostet lediglich ein
Drittel des abendlichen Preises.
Tominokoji Dori, Nakagyo-ku
Tel. 221-55 44
Tgl. 11–16 und 17–21 Uhr,
So geschl.
Obere Preisklasse

Einkaufen

Kyoto gilt als reichhaltige Fundgrube
für japanisches Kunsthandwerk. Die
wichtigste Einkaufsstraße ist die
Kawaramachi Dori, in der man in
einer Vielzahl hübscher Geschäfte
von Lebensmitteln über Kunsthandwerk bis zu Haushaltswaren alles
erwerben kann. Wer Antiquitäten
sucht, wird auf der **Shinmonzen
Dori** oder auf der **Teramachi Dori**
fündig. Töpferwaren werden in den
Shops entlang der Straße, die zum
Kiyomizu-Tempel führt, reichlich
angeboten. Falls Sie nur wenig Zeit
zum Einkaufen haben, empfiehlt
sich ein Besuch des **Kyoto Handicraft Centers** auf der Marutamachi Dori, nördlich des Heian-
Schreins.

Aizen Kobo
Hisaku Utsuki ist auf Indigo-Färbung
spezialisiert. Seine Stoffe haben ei-
ne derart hohe Qualität, daß ihn
Fachleute aus aller Welt besuchen.
Nakasuji Omiya Nishi Iru (Nähe Nishi
Textil Center)

Erizen ■ K 4
Einer der ältesten Kimono-Produ-
zenten, dessen Vorfahren Kyotos
Aristokratie bereits seit 1584 ausstaffiert haben. Die edlen Stücke
sind nicht gerade preiswert, zwischen 3000 und 10 000 DM müssen
Sie für einen handgefertigten,
bestickten oder bemalten Kimono
schon rechnen.
Shijo Dori (zur Linken, kurz vor
Kawaramachi Dori)
Tgl. 10–18 Uhr, Mo geschl.

Houraido ■ K 4
Alter Teeladen, in dem man neben
den verschiedenen Sorten die entsprechende Aufbereitungsanleitung
auf englisch erhält.
Teramachi Shijo agaru

Jusan-Ya ■ K 4
Produzent von Haarkämmen und
Frisurenaccessoires in der fünften
Generation.
Shijo Dori (westl. der Kawaramachi
Dori)
Tgl. 10–21 Uhr, Mo geschl.

**Kodai Yuzen-En/
Yuzen-Galerie** ■ I 5
Verkauf, Demonstration und Aus-
stellung von Seidenkimonos, die in
der 300 Jahre alten Tradition der
Matrizenfärbung (Yuzen) handgefer-
tigt werden.
Horikawa Dori (nördl. der Gojo Dori)
Tgl. 9–17 Uhr, 29. Dez.–5. Jan.
geschl.

Kyoto Craft Center ■ L 4
In diesem Laden in Gion finden Sie
qualitativ hochwertige und damit
teure Werke lokaler und angese-
hener Künstler, z. B. Glas- und Textil-
waren, Keramik, Körbe und
Schmuck.
Shijo Dori
Tgl. 11–19 Uhr, Mi geschl.

Kyoto Handicraft Center ■ L 3

Auf sieben Etagen wird nahezu alles verkauft, was Japan an »Kleinprodukten« zu bieten hat: Kimonos, Puppen, Lack- und Papierwaren, Perlen, Keramik und und und… Höchst interessant ist die Abteilung für japanische Holzschnitte, die neben modernen Reproduktionen auch eine Vielzahl alter Werke so berühmter Künstler wie Hiroshige, Kunisada, Kuniyoshi oder Utamaro anbietet.
Marutamachi Dori
Tgl. 9.30–18 Uhr,
31. Dez.–3. Jan. geschl.

Märkte

Toji-Tempel ■ I 6

Etwa 15 Gehminuten südwestlich des Hauptbahnhofs findet Japans größter monatlicher Flohmarkt statt, dessen Geschichte bis ins 13. Jh. zurückreicht.
Am 21. jeden Monats

Lebensmittelmarkt auf der Nishikinokoji ■ K 4

Frühaufsteher sollten den morgendlichen Markt nicht versäumen. Nishikinokoji, vom Karasuma Dori ausgehend die nördl. Parallelstraße zur Shijo Dori

Minamoto-no-Hisahide

Japanische Messer in jeder Größe und Preislage, dazu Beratung auf Deutsch. Joshihiro Kuze steht mit Kollegen in Solingen in Verbindung.
540 Nakao-cho Shinkyogo-ku-Shijo-agaru
Tgl. 9.30–18 Uhr

Miyawaki Baisen-an ■ K 4

Seit 1823 werden hier zauberhafte Fächer manuell gefertigt.
Rokkaku Dori Tominokoji Nishi-iru
Tgl.10–19 Uhr

Morita Wagami ■ K 4/K 5

Liebhaber schöner Papiere stehen hier vor der Qual der Wahl. Verkauft werden einige hundert verschiedene handgeschöpfte und bedruckte bzw. gefärbte Bögen.
Higashinotoin Bukkoji
Tgl. 9.30–18 Uhr

Nishijin Textile Center ■ I 2

Neben dem Verkauf von handgewebten Seidenstoffen wird hier auch ihre Herstellung gezeigt. Sehr schön ist die stündliche Kimono-Show zwischen 10 und 16 Uhr. Das Zentrum liegt auf der Imadegawa Dori zwischen Horikawa Dori und Senbon Dori.
Tgl. 10–17 Uhr

Lackwaren im Handicraft Center

Indigostoffe in weltweit bekannter Qualität gibt es bei Aizen Kobo

SEHENSWERTE ORTE UND AUSFLUGSZIELE

Saiundo Fujimoto ■ K 4
Ein urgemütlicher, kleiner Laden,
in dem man all das findet, was man
für (japanische) Malerei benötigt.
Aneyakoji Fuyacho Hisgashi
Tgl. 10–18.30 Uhr

Shioyoshi-Ken
Das muß man gesehen haben, um
es zu glauben. Mit höchster Finger-
fertigkeit entstehen in diesem traditionellen Shop winzige Kunstwerke
aus Zucker.
Nakadachiuri-aguru, Kuromon Dori
Tgl. 9–18Uhr

Shogo-in Yatsuhashi ■ L 3
Bereits seit 1689 wird hier Kyotos
kulinarische Spezialität **Yatsuhashi**,
ein Reiskuchen mit Zimt und Zucker,
verkauft.
Westl. des Kyoto Handicraft Centers
Tgl. 8–18 Uhr

Tachikichi ■ K 4
Kurz vor Erizen auf der Shijo Dori
gelegen, finden Sie in diesem
dreistöckigen Geschäft moderne
Töpferwaren, die nach alter Metho-
de hergestellt wurden.
Tgl. 10–19 Uhr, Mi geschl.

Tominokouji Butsukouji Kado
In dem kleinen, modernen Laden
im Viertel Shimogyo-ku stellt Yukio
Hashimoto in Handarbeit wunder-
schöne japanische Puppen in tradi-
tionellen Prachtgewändern her. Die
Preise fangen bei 25 000 Yen an.
Tgl. 10–18 Uhr

Am Abend

Ein Bummel durch das abendliche
Kyoto gehört im Sommerhalbjahr zu
den Erlebnissen, die man nicht versäumen sollte. Entlang des Flusses
errichten die Lokale auf Pfählen hölzerne Plattformen, die von Papierlaternen illuminiert werden. Vom

Geisha-Viertel **Gion** bis zu den Bars
und Restaurants im Gäßchen Ponto-
cho versprüht die Stadt einen recht
nostalgischen, romantischen Charme. Geisha-Häuser sind für Ausländer tabu, selbst Japaner kommen
nur hinein, wenn sie offiziell vorgestellt wurden. Die Gasse **Ponto-cho**,
westlich des Kamos und von der
Shijo Dori gen Norden, gilt als Herz
des Vergnügungsviertels mit Geisha-Häusern, Kneipen sowie
einem berühmten **Kabuki Theater**.
Informationen über Zeiten und Ein-
trittspreise erhalten Sie bei:
T.I.C.
Gion Corner ■ L 4
570, Gionmachi-, Minamigawa-
Higashiyama-ku
Tel. 561-11 19

Afro Blue ■ L 4
Kleine, charmante Disko im Keller,
wo großzügige Drinks serviert
werden.
Nähe Kabuki Theater Minamiza
Tgl. 18–1 Uhr

Gion Corner ■ L 4
Eine gute Möglichkeit, japanische
Kunst und Kultur zu erleben, bietet
dieses Show-Theater. Im »Schnell-
durchgang« bietet es Teezeremoni-
en, Ikebana, Koto (japanische Harfe),
Gagaku (antike Hofmusik und -tanz),
Bunraku (Puppenspiel), Kyogen
(komisches No-Theater) und Kyomai
(Tanz im Kyoto-Stil von einer Maiko).
Yasaka Halle, Gion
Tgl. 19.40 und 20.40 Uhr

Irohanihoheto ■ L 4
Country-Atmosphäre und sehr
günstige Preise, weswegen sich
hier jeden Abend junge Leute
drängen.
Im 5. Stock eines weißen Ziegelge-
bäudes auf der Nawate Dori, etwas
südlich der Sanjo-Keihan Station
Tgl. 17.30–3.30 Uhr

Kikusu ■ L 4

Ein fröhlicher, preiswerter Biergarten auf dem Dach des gleichnamigen Restaurants. Leicht an den Laternen und Palmen, die die Terrasse säumen, zu erkennen.
Shijo Dori Av., östl. des Kamos und gegenüber des Kabuki-Theaters (fünfstöckiges Gebäude).
Nur im Sommer tgl. 17–21 Uhr

Metro ■ K 3

Südsee-Flair und heiße Latin-Music bis zum frühen Morgen.
U-Bahn: Keihan Marutamachi, Exit 2

Minamiza-Theater ■ L 4

Hier werden komplette Kabuki-Dramen gespielt.
Shijo Dori, östlich des Kamos

Mushroom ■ L 4

Im dichten Nebel tobt die young generation Kyotos zu Afro-Sound bzw. Techno-Musik.
Gion Kaika Bldg./4F
Tgl. 19–2 Uhr

Rub a Dub ■ L 4

Kleine, einfache Bar mit Reggae-Musik unter einem Drugstore.
Auf der östlichen Seite von Kiyamachi Dori, einige Shops südlich von Sanjo Dori
Tgl. 18–2 Uhr, So geschl.

Sunnyside Jazzclub ■ L 4

Gleich um die Ecke von Irohaniho-heto auf der 5. Etage des Kyoto Art Centers liegt dieser winzige, gemütliche Club.
Furumonzen Dori
Tgl. 19–1 Uhr, Mo geschl.

Taku Taku ■ K 4/K 5

Live-Musik von Heavy Metal bis Blues, bestaunt und betanzt überwiegend von Kyotos Studenten.
Tominokoji-Bukkoji
Tgl. 18–23 Uhr

Zu Zu ■ L 4

Eine Art Bistro hinter weißer Stuckfassade, an dem Schild »Welcome to the Oriental Restaurant« zu erkennen, am nördlichen Ende von Ponto-cho.
Takoyakushi
Tgl. 18–2 Uhr, Do geschl.

Kyogen heißen die »komischen Zwischenspiele« im klassischen No-Theater

Ausflugsziele

Arashiyama

Falls Sie im Juli oder August in Kyoto weilen, ist ein abendlicher Ausflug per Bus von Kyoto Station oder per Straßenbahn von Shijo Omiya Station nach Arashiyama höchst empfehlenswert. Auf schmalen, mit hübschen Laternen dekorierten Holzbooten gleitet man dann von dort den **Sagamo-Fluß** hinab, an Fischern vorbei, die mit gezähmten Kormoranen **Ayu**, kleine Süßwasserfische, fangen. Um den Hals der Vögel liegen Ringe, die sie davon abhalten, den Fang zu verschlingen. Während der Fahrt kann man sich von Wassertaxis mit Bier und Snacks versorgen lassen. An einem warmen Sommerabend ist das Ganze eine herrlich romantische Angelegenheit.

Der Heilige Berg Koya

Von den Japanern **Koya-san** genannt, gilt der Berg (986 m) als einer der heiligsten Plätze des Landes, als das Mekka der esoterischen **Shingon-Sekte**. In den Wäldern des Koya-san liegen etwa 120 hölzerne buddhistische Tempel; mehr als die Hälfte davon bieten Übernachtungen für Besucher. Es ist somit vielleicht der beste Platz in Japan, um Tempelleben zu beobachten bzw. daran teilzunehmen.

Im Jahre 816 wurde der Berg Koya dem Priester **Kukai**, nach seinem Tode als **Kobo Daishi** bekannt, vom kaiserlichen Hof übereignet, um an nämlicher Stelle eine Heimat für die Shingon-Sekte zu etablieren. Verehrt für seine exzellente Kalligraphie, seine Humanitätsgedanken und seine Religionslehre, gilt Kobo

Daishi noch heute als eine der beliebtesten Persönlichkeiten der buddhistischen Geschichte Japans. Als er im 9. Jh. starb, baute man ihm ein Mausoleum auf jenem Berg. Seine Anhänger glauben, daß er nicht tot, sondern nur in tiefe Meditation versunken ist und auf die Ankunft des letzten **Bodhisatva** (Buddhas Messias) wartet. Viele Priester haben im Laufe der Jahrhunderte ihr Grab in der Nähe bauen lassen, um im Glauben bei ihm zu sein, wenn Kobo Daishi erwacht.

Von Kyoto fährt man zunächst nach Osaka, von dort ab Namba Station mit der Nankai-Linie (jede halbe Stunde). Die Fahrt bis Gokurabashi dauert insgesamt gute zwei Stunden, anschließend geht's per Drahtseilbahn auf den Gipfel zur Koya-san Eki Station. Gleich am Bahnhof befindet sich ein Stand des lokalen Verkehrsamtes, in dem Sie Auskünfte über die Gegend bekommen und ein Zimmer im Tempel buchen können. Außerhalb der Station hält ein Bus, der Sie entlang der wichtigsten Sehenswürdigkeiten ins Zentrum bringt, wo die **Koya-san Tourist Association** ihr Hauptbüro hat. Hier werden Sie mit englischsprachigen Broschüren ausgestattet. Koya-san Tourist Association Tel. 0736-56 26 16

Nara

Zu Beginn der japanischen Geschichte wurde die Hauptstadt bei jedem Machtwechsel an eine andere Stelle verlegt. 710 erklärte der Kaiser den Ort **Heijokyo** (»Mittelpunkt der Stadt des Friedens«), später in Nara umgetauft, zur »endgültigen« Hauptstadt – für 74 Jahre!

Die Anlage Naras basiert auf chinesischen Plänen: eine rechteckige Struktur mit einem Netz parallel verlaufender Straßen. Die relativ kurze

Nara-Periode gilt als Geburtzeit der japanischen Kunst (und des Kunsthandwerks) und Literatur.

Wer nur einen halben Tag zur Verfügung hat, sollte sich zumindest den **Tempel Todaiji** mit dem **Daibutsu** (Großen Buddha), den **Kasuga Taisha-Schrein** und den **Tempel Horyuji**, 12 km südlich von Nara, ansehen. Die ersten beiden Anlagen befinden sich im 650 ha großen **Nara-Park**, der von einem mehr als 1 000köpfigen Hirschrudel bewohnt wird. Auf dem Weg vom Bahnhof dorthin – der Weg ist gut ausgeschildert – kommen Sie am **Tempel Kofukuji** (710 als Familientempel des Fujiwara-Klans gebaut) mit seiner fünfstöckigen Pagode, der zweithöchsten in Japan, vorbei. Ein Stück weiter östlich liegt das **Nara Nationalmuseum**, welches unschätzbare buddhistische Kunst und archäologische Relikte beherbergt. Die spektakuläre Anlage des **Todaiji** im Herzen des Parks basiert auf Plänen des Kaisers Shomu, der Mitte des 8. Jh. diesen Tempel als religiöses Zentrum des Landes errichten wollte. Das wuchtige **Nandaimon-Tor** vor der eigentlichen Halle ist bereits so beeindruckend, daß man es für den Tempel selbst halten könnte. Dieser indes thront 100 m dahinter und gilt mit 49 m Höhe und 57 m Länge als der größte Holzbau der Welt, obwohl die jetzige Konstruktion von 1709 nur noch zwei Drittel der ursprünglichen besitzt. Im Innern der **Große Buddha**, geformt aus 437 t Bronze und 130 kg Gold, der im Laufe der Geschichte mehrere Male seinen Kopf verlor. Der heutige stammt aus dem Jahr 1692.

Der **Kasuga Taisha-Schrein** liegt in der südöstlichen Ecke des Nara-Parks. Erstmals 768 erbaut, wurde er 1863 nach dem shintiistischen Prinzip der Reinheit alle 20 Jahre abgerissen und neu errichtet. Er steht auf zinnoberroten Säulen und ist mit 3000 Laternen geschmückt, die nur an Festtagen angezündet werden.

Außerhalb des Parks, südlich des Kasuga-Schreins, erhebt sich der **Tempel Yakushiji**. Mitte des 8. Jh.

Die Tempelanlage Todaiji mit der »Halle des Großen Buddhas«

ließ ihn die Kaiserin Komyo anlegen, um Buddhas Hilfe bei der Heilung einer Augenkrankheit ihres Mannes Shomu zu erflehen. Aus dieser Zeit steht nur noch die Haupthalle. In ihr befinden sich rund um die Buddha-Statue zwölf Keramikskulpturen, darunter elf Originale aus dem 8. Jh. Alle weiteren Gebäude der Anlage kamen erst nach dem 13. Jh. hinzu.

Den **Tempel Horyuji** erreichen Sie mit dem Bus Nr. 52 von Nara JR- oder Kintetsu-Station aus. Der Tempel wurde 607 vom Prinzen Shotoku angelegt und gilt als der Ort, von dem aus sich der Buddhismus über das Land verbreitete. Einige der noch bestehenden 45 Gebäude stammen aus dem 8. Jh. und sollen die ältesten Holzbauwerke der Welt sein. Dazu zählen die **Goldene Halle** (Kondo) und die fünfstöckige **Pagode**. Die **Halle der Träume** (Yumedono), deren Vorgängerin der Prinz zur Meditation benutzt haben soll, entstand ca. 1230. Das benachbarte Nonnenkloster **Chuguji**, gebaut für die Mitglieder der kaiserlichen Familie, enthält zahlreiche antike Statuen sowie eine berühmte Stickerei aus dem 7. Jh. Gezeigt wird allerdings nur eine Kopie des ursprünglich 5 m langen Tuches, das Shokotus Witwe und ihre Freundinnen bestickt haben sollen.

Von Kyoto Station erreicht man Nara in 33 Min. mit dem privaten **Kintetsu Limited Express** der Kinki Nippon Railways oder mit JR in einer knappen Stunde.

Hotels und andere Unterkünfte

Nara Hotel
1909 gebaut, hockt es wie ein Adler auf einer Hügelkuppe in der Nähe des Nara-Parks und überschaut mehrere Teiche.
Tel. 0742-26 33 00
185 Zimmer
Mittlere Preisklasse

Pension Furuichi
Kleine japanische Familienpension mit 15 Tatami-Zimmern.
Tel. 0742-22 24 40
15 Zimmer
Untere Preisklasse

Osaka

Das heute etwa 1500 Jahre alte Osaka gewann erst im 16. Jh. an Bedeutung, als Hideyoshi Toyotomi Japans großartigste Festung erbauen ließ. Während der Edo-Periode galt die Stadt als wichtigstes Handelszentrum. Die Feudalherren aus umliegenden Regionen ließen hier ihren Reis umschlagen. Naturgemäß kamen die Händler zu Reichtum, die Stadt wuchs. Künste wie Kabuki und Bunraku florierten. Mit viel Muße und Geld entwickelten die Osaker einen ganz besonderen Geschmack für gute Küche. Heutzutage ist die Stadt mit 2,8 Mio. Einwohnern die drittgrößte Stadt Japans, ein Zentrum der Industrie und des Handels.

Touristisch betrachtet bietet sie nicht allzuviel, aber ein Besuch des **Schlosses** (das heutige stammt von 1931), des berühmten **Bunraku-Theaters** und ein feines Mahl lohnen einen Abstecher. Das turbulenteste Viertel der Stadt mit der kilometerlangen Einkaufspassage **Dotonbori** erstreckt sich nordöstlich der Station Namba. Auf der kleinen Brücke vor dem Kirin Plaza – **Kekibashi** genannt – dürfen sich Frauen nicht wundern, wenn sie von etwas grell bejackten jungen Männern angesprochen werden. Das sind Gigolos, die sich ihre Gunst gut bezahlen lassen. Nicht umsonst heißt sie die »Anmacher-Brücke«.

Osaka ist zwar vom Erdbeben am 17. Jan. 1995 gebeutelt worden, aber die Infrastruktur war innerhalb weniger Monate wieder intakt.

Hotel

Hyatt Regency
Ein Haus der Spitzenklasse, bis ins
letzte Detail durchdacht und in voll-
endeter Form ausgeführt. Egal, ob
es sich um Komfort in den Zimmern
handelt, Küche und Ambiente der
acht Restaurants, das umfangreiche
Repertoire westöstlicher Objects
d'Art oder die unterschiedlichen
Streichhölzer. Das Hyatt liegt sehr
günstig zum neuen Flughafen
Kansai.
1-13-11 Nanko-Kita, Suminoe-ku,
Osaka 559
Tel. (06)-612-12 34
In Deutschland zu buchen
über Hyatt Service Center,
Tel. 069/2 90 11 14
Fax (06)-614-78 00
500 Zimmer
Obere Preisklasse

Sehenswertes

Bunraku-Nationaltheater
Unter allen Bühnen des Landes, die
diese einzigartigen Schauspiele auf-
führen, ist diese die berühmteste.
Nipponbashi, Dotonbori
Tel. 212-25 31

Essen und Trinken

Okonomiyaki
Zu Osakas kulinarischen Spezialitäten gehört dieses preiswerte Essen
(→ Essen und Trinken, S. 32),
welches in vielen kleinen Lokalen
angeboten wird. Man erkennt sie
am Fettgeruch.

Botejyu
Eines der berühmtesten Lokale mit
Okonomiyaki-Küche
Hankyu Sanbangi Bldg. neben
Osaka Station
Tel. 374-22 54
Tgl. 10–22 Uhr, an jedem 3. Mi im
Monat geschl.
Untere Preisklasse

Osaka, Japans drittgrößte Stadt, ist vor allem kommerziell orientiert

In den Städten langweilt man sich zwar keine Minute, aber frische Luft und Landleben erfährt man nur auf Touren in die Umgebung. Am besten nimmt man den Zug.

Es gibt nur wenige Länder auf der Welt, wo einem die Erkundung des Landes mit öffentlichen Verkehrsmitteln bequemer gemacht wird. Jedes Ziel ist mit Bahn und/oder Bus zu errreichen. Auch für Japaner besitzen diese Transportmöglichkeiten Priorität und werden besonders an Wochenenden und Feiertagen entsprechend frequentiert.

Auf den ersten und nicht selten auch auf den zweiten Blick ist das Netz der öffentlichen Verkehrsmittel verwirrend. Das liegt an den oft zahlreichen verschiedenen Bahn- und Busstrecken, über die man die gewünschte Destination erreichen kann. Nicht selten fahren zum Beispiel Japan Railways und private Bahnlinien unterschiedliche Bahnhöfe an, die in allernächster Nachbarschaft liegen. Man sollte sich unbedingt vor der Fahrt entweder im Hotel oder im T.I.C. die beste Verbindung heraussuchen und die jeweiligen Namen der Züge bzw. Busnummern aufschreiben lassen. (Weitere Informationen zu öffentlichen Verkehrsmitteln → Japan mit und ohne Auto).

Genießen, Luftholen, Lesen: am Daia-Fluß in der Schlucht Ganmangafuchi

Von Tokio zum Fuji

Wer den Fuji-san – wie er in Japan genannt wird – aus nächster Nähe sehen möchte, wird zunächst enttäuscht sein, da der Heilige Berg im Sommerhalbjahr meist sein Antlitz verhüllt.

Die Tour beginnt mit der Drahtseilbahn in **Odawara**, führt hinauf nach **Souzan**, von dort mit dem Kabinenlift nach **Owakudani**. Hier brodelt es gelb aus der Erde (Owakudani = »Tal des kochenden Wassers«), was an den vielen Schwefelquellen liegt. Von der unterhalb der Station gelegenen Aussichtsplattform oder auf dem nächsten Seilbahn-Abschnitt hinunter nach **Togendai** am See **Ashinoko** (auch Hakone-See) sollte dann spätestens der Fuji ins Blickfeld rücken. Die Bahn endet direkt am Anleger, wo schon ein etwas merkwürdiges Schiff wartet, die japanische Version einer Galeere. Damit geht's über den See nach **Hakonemachi**. Sehenswert in diesem ruhigen Dorf ist die alte **Zollstation**, ursprünglich 1618 gebaut, die als Checkpoint auf dem legendären Tokaido Highway zwischen Edo und Kyoto diente.

Mit dem Bus kommen Sie nach Odawara zurück oder, falls Sie über Nacht bleiben, z. B. nach Miyanoshita. Dort stehen zwei außergewöhnliche Hotels, das **Fujiya** und das **Naraya**. Alternativ können Sie von Tokio nach Hakone Yumoto auch mit der privaten Odakyu Line fahren und von dort die Tour starten. Den Ort Hakone wiederum erreicht man am schnellsten mit dem Bus der Tomei Line ab Bahnhof Shinjuku. Von hier aus können Sie Wanderungen in die Region unternehmen, in heißen Quellen baden und von verschiedenen Plätzen aus den Fuji bewundern (→ Der Besondere Tip, S. 26). Eine ausgesprochen herrliche Zeit für diesen Ausflug ist Ende Oktober/Anfang November, wenn das Herbstlaub eine rote Färbung angenommen hat. Und natürlich während der Kirschblüte im Mai. Aber dann ist es entsprechend voll.

Der 3776 Meter hohe Fuji kann auch bestiegen werden, was nicht unbedingt schwer, aber ziemlich anstrengend ist. Immerhin versuchen es 400 000 Japaner pro Jahr, vom Kleinkind bis zur alten Großmutter. Von Kawaguchi Fifth Station (mit dem Bus vom 13. Juli bis 31. August mehrmals täglich ab Shinjuku Bus Terminal in Tokio zu erreichen) dauert der Aufstieg etwa fünf Stunden.

Anfahrt: vom Bahnhof Odawara (von Tokio Station mit dem Shinkansen zu erreichen) den Railway-Paß »Hakone« lösen (ca. 3500 Yen für einen, 5680 Yen für vier Tage) und mit verschiedenen Verkehrsmitteln durch den Nationalpark um den Fuji **Dauer**: Tagesausflug

ROUTEN UND TOUREN

Von Tokio nach Kamakura

Sollten Sie nur Zeit für einen einzigen Ausflug haben, fahren Sie nach Kamakura. Vor allen Dingen dann, wenn Kyoto oder Nara nicht auf Ihrem Plan stehen. Nur etwa eine Zugstunde von Tokio entfernt gelegen, präsentiert sich der Hauptsitz der ersten militärischen Regierung Japans als hübsches Städtchen mit sage und schreibe 65 buddhistischen Tempeln und 19 Shinto-Schreinen, die sich über Wohngebiete und die sie umgebenden Hügelketten verteilen. Viele stammen aus der Zeit, als der Krieger **Yoritomo Minamoto** 1192 an die Macht kam und sein Regime so weit wie möglich vom Kaiserhof in Kyoto entfernt etablieren wollte. Seine Wahl traf das Fischerdorf **Kamakura**, weil es leicht zu verteidigen war.

Kamakura gilt allerdings auch als eines der beliebtesten sommerlichen Ausflugsziele der Tokioter. Sein nicht besonders schöner Strand ist deshalb in der warmen Jahreszeit auch während der Woche dermaßen voll, daß man Schwierigkeiten hat, Platz für sein Liegetuch zu finden.

Von Tokio kommend, verlassen Sie den Zug an der Kita-Kamakura-Station. Eine Minute entfernt liegt der **Tempel Engakuji**. 1282 gegründet, gilt er, wenn auch inzwischen viel kleiner als früher, als der wichtigste Zen-Tempel in Kamakura, außerdem als bestes architektonisches Beispiel der Kamakura-Periode. Interessant auch der **Tempel Tokeiji** (gebaut 1285) auf der anderen Seite der Bahnschienen. Die Japaner besuchen

Einer der 65 buddhistischen Tempel von Kamakura

ihn gern während der Blüte seiner Pflaumen- (Mitte Februar), Magnolien- und Pfirsichbäume (Ende April) und Iris (Ende Mai). In früheren Zeiten flüchteten viele von ihren Männern oder Schwiegermüttern verstoßene Frauen hierher, weswegen er im Volksmund auch Scheidungstempel genannt wird.

Vom Bahnhof Kamakura dauert der Fußweg zum **Schrein Tsurugaoka Hachimangu** etwa zehn Minuten. Von Yorimoto angelegt, wurde er dem Kriegsgott Hichimangu gewidmet. Links der Treppen, die zum zinnoberroten Schrein hinaufführen, steht ein angeblich 1000 Jahre alter Gingko-Baum, der Zeuge des Mordes an Yorimotos Sohn gewesen sein soll.

Kamakuras Hauptattraktion, der bronzene **Große Buddha**, prunkt nördlich der Station Hase in den Hügeln. Sie erreichen ihn auch per Bus von Kamakura Station. 1252 gegossen, gilt er mit zehn Metern Höhe und 93 Tonnen Gewicht als der zweitgrößte in Japan. Ganz in der Nähe, im **Tempel Hase**, lockt die größte Holzskulptur des Landes, eine Darstellung von **Kannon**, der Göttin der Barmherzigkeit. Sie wurde im 8. Jahrhundert aus einem einzigen Stück Kampferholz geschnitzt und weist die stattliche Höhe von etwa neun Metern auf.

Anfahrt: von Tokio Station mit der Yokusuka Line bis Kita-Kamakura-Station

Dauer: Halbtags- oder Tagesausflug

Die überwältigende Bronzeplastik des Großen Buddha

Kaum eine Bergsilhouette
ist weltweit so berühmt und wird
so verehrt wie die des Fuji.
Respektvoll nennen ihn die Japaner
Fuji-san: »Herr Fuji«

Von Tokio nach Nikko

Sicherlich ist es James Clavell mit seinem Roman »Shogun« zu verdanken, daß Tokugawa Ieasu, dessen Leben und Wirken darin beschrieben wird, größere Bekanntheit in der westlichen Welt erlangte. Die Japaner indes pilgern schon seit Jahrhunderten zum **Mausoleum** dieses bedeutenden Staatsmannes, dem es gelang, die Nation zu einen und die Macht seiner Familie dermaßen zu festigen, daß sie 250 Jahre überdauerte.

Der **Toshogu-Schrein**, 1634 vom Enkel des großen Shogun errichtet, unterscheidet sich in seiner unglaublich reichen Dekoration und Pracht – er ist mit 2,4 Millionen Blättchen Gold bedeckt – von allen anderen Sakralbauten des Landes. Man könnte seinen Stil fast als japanisches Rokoko bezeichnen, das in Europa allerdings erst 100 Jahre später begann. 15 000 Künstler aus ganz Japan hatten an seinem Bau mitgewirkt. Man betritt den insgesamt viele Hektar großen Komplex, in dem sich weiterhin der buddhistische **Tempel Rinnoji** und der **Futarasan-Schrein** befinden, durch ein riesiges steinernes Torii. Zur Linken erhebt sich die fünfstöckige Pagode, ein Beispiel dafür, wie sich Buddhismus und Shintoismus hier ergänzen. Die Treppen hoch und dann links herum, kommen Sie an den heiligen Ställen vorbei, die das **Heilige Weiße Pferd** beherbergen. Über der Stalltür prangt das Holzrelief der berühmten drei Affen, deren Gesten (oft völlig falsch ins Deutsche übersetzt mit »Nichts hören, nichts reden, nichts sehen«) »nichts Böses hören, nichts Böses sagen, nichts Böses sehen« symbolisieren.

Unübersehbar überragt das **Yomeimon-Tor** den Platz vor den Ställen. Die Japaner nennen es auch gern das »Tor der Dämmerung«, weil es den ganzen Tag bis zur Dämmerung dauert, um all die vielen Schnitzereien an diesem Bauwerk zu begutachten. Erst hinter dem Tor beginnt der eigentliche Schrein. Wer im Mai in Japan weilt, sollte sich zum **Toshogu-Schrein-Festival** um den 17./18. Mai nach Nikko aufmachen (→ Feste und Zeremonien).

Von Nikko aus lohnt sich ein Abstecher (per Bus) zum **Chuzenji-See** und den **Kegon-Wasserfällen** in der Nähe des östlichen See-Endes. Beide gehören zum bergigen Nikko-Nationalpark, den die Japaner viel bewandern. Zum Erholen hockt man sich dann anschließend in eines der vielen **Onsen** (heiße Bäder).

Anfahrt: von Tokio mit dem JR-Paß per Shinkansen nach Utsunomiya, von dort per Kleinbahn nach Nikko. Etwas schneller geht's ab Tokio Asakusa mit der privaten Tobu Line.

Dauer: Tagesausflug

Von Kyoto nach Takayama

Mitten im **Hida-Gebirge** gelegen, nordöstlich Kyotos bzw. nördlich von Nagoya, wird dieses hübsche Städtchen von mehreren Dreitausendern umgeben, die allein die Bahnfahrt dorthin – durch enge Schluchten und mit spektakulären Wasserfällen – lohnenswert machen. Im 16. Jahrhundert vom **Daimyo Kanamori** gegründet, hat es aufgrund seiner Abgeschiedenheit eigenständige Architektur, Kunsthandwerk und Speisen entwickelt. Auch wenn inzwischen viele Neubauten das Bild stören, ist das alte Viertel im Zentrum mit seinen blitzsauberen, engen Gassen und den schönen Holzhäusern aus dem 18. Jahrhundert doch immer noch sehr malerisch. Aufgrund seiner vielen kleinen Kanäle, den Tempeln und Schreinen wird Takayama auch gern als »Mini-Kyoto« bezeichnet. Was übrigens auch ganz im Sinne jenes Feudalherren war, der mit dem Dorf ein verkleinertes Ebenbild von Kyoto schaffen wollte.

Das Städtchen besitzt eine Vielzahl an **Sake-Brauereien**, die man besichtigen kann. Bleiben Sie über Nacht, sollten Sie die Märkte am frühen Morgen nicht versäumen. Einer erstreckt sich entlang des Flusses, ein anderer wird direkt vor dem **Takayama Jinya** aufgebaut. Dieser Jinya ist das einzige noch bestehende Verwaltungsgebäude aus der Edo-Zeit, eine Rarität, die es zu besichtigen lohnt. Für Leute mit Muße ist der romantische ausgeschilderte Spazierpfad durch hübsche Wohnsiedlungen und Tempelanlagen (ähnlich auf dem Philosophenweg in Kyoto) im Norden von Takayama empfehlenswert. In südwestlicher Richtung vom Bahnhof breitet sich das **Freilichtmuseum Hida** über einen Hügelhang aus.

Anfahrt: mit dem Shinkansen nach Nagoya, von dort mit dem Hida-Express der Takayama Line

Dauer: je nach Lust ein oder zwei Tage

Japanische Marktfrau

WICHTIGE INFORMATIONEN

Auskunft

Japanische Fremdenverkehrs-zentrale
Kaiserstr. 11
60311 Frankfurt 1
Tel. 069/2 03 53
Hier erhalten Sie umfangreiches Informationsmaterial mit wertvollen Tips und Adressen, Karten, Unterkunftsverzeichnisse für Gasthäuser und Ryokans, Tourenvorschläge etc.

Die **Touristeninformationszentren** (T.I.C.) des Landes mit englischsprachigen Mitarbeitern sind ebenfalls hervorragend mit Schriftmaterial bestückt. Ihre Dienste reichen von der Organisation von Hausbesuchen bis hin zu Vorschlägen für den Reiseverlauf. Reservierungen indes führen sie nicht aus.
  Teletourist Service ist ein auf Tonband aufgezeichneter Telefondienst, der Sie auf englisch über Veranstaltungen in und um Tokio bzw. Kyoto informiert.
Tokio, Tel. 03-3503-29 11
Kyoto, Tel. 075-361-29 11
  Japan Travel-Phone ist ein landesweiter englischsprachiger Telefondienst, tgl. von 9–17 Uhr abrufbar, außerhalb von Tokio und Kyoto gebührenfrei.
Infos über Ostjapan,
Tel. 0120-22 28 00
Infos über Westjapan,
Tel. 0120-44 48 00
Tokio, Tel. 3502-14 61
Kyoto, Tel. 371-56 49

In Tokio
Tourist Information Center (T.I.C.)   ■ E 5
1-6-6 Yurakucho, Chiyoda-ku
Tel. 3350-14 21
Tgl. 9–17, Sa 9–12 Uhr

Unter derselben Telefonnummer bekommen Sie auch tgl. von 9–17 Uhr Reiseinformationen. Das Büro liegt zwischen Hibiya und Yurakucho Station.

Information Bureau of Tokyo ■ F 4
JR (Japan Railways) Tokyo Station
Das Büro befindet sich in einer Ecke des Travel Plaza, Nähe Eingang Yaesu.
Tel. 3211-73 91
Mo–Sa 9–18 Uhr

Falls Sie irgendwo unterwegs nicht weiterwissen, egal, in welcher Beziehung, rufen Sie am besten die **Japan Hotline** an (Tel. 3586-01 10). Hier bekommen Sie auf englisch neben touristischen und kulturellen Informationen auch Auskünfte über Etikette, japanische Küche oder ärztliche Versorgung.

In Kyoto
Tourist Information Center (T.I.C.)   ■ K 6
Kyoto Tower Bldg. (gegenüber der nördlichen Seite des Hauptbahnhofs)
Higashi/Shiokoji-cho, Shimogyo-ku
Tel. 371-56 49
Mo–Fr 9–17, Sa 9–12 Uhr
Das Büro verfügt nicht nur über englischsprechende Angestellte, hier finden Sie auch jede Menge Broschüren und Stadtpläne von Kyoto. Nehmen Sie unbedingt das Blättchen »Walking Tour Courses in Kyoto« mit. Falls T.I.C. geschlossen hat, bietet sich alternativ das **Kyoto City Information Office** zwischen den Taxiständen und Bushaltestellen vor den nördlichen Ausgängen des Hauptbahnhofs an. Hier spricht man zwar nur japanisch, aber Broschüren und Pläne sind auf englisch.

Bevölkerung

Der größte Teil der 123 Mio. Japaner lebt in den Ballungsräumen um die Großstädte entlang der Südostküste. Japans Hauptstadt Tokio hat fast 13 Mio., Kyoto 1,5 Mio. Einwohner. Mit schätzungsweise 99 % »echten« Japanern gilt Japan als eine der homogensten Nationen der Welt. Als einzige ethnische (und unterprivilegierte) Minderheit leben ca. 10 000 Ainus, die den Eskimos ähnlich sind, auf Hokkaido.

Ursprünglich aus der Mongolei stammend, blieben die Japaner seit dem 8. Jh. bemerkenswert isoliert, was durch die politisch-wirtschaftliche Abschottung des Inselreiches zweifelsohne begünstigt wurde.

Zumindest ein Charaktermerkmal der Bewohner Nippons hat zu der bedeutenden wirtschaftlichen Macht des Landes geführt, nämlich das Zugehörigkeitsgefühl zu einer Gruppe. Egal ob Familie, Freundeskreis, Reisegesellschaft, Belegschaft einer Firma oder die Gesellschaft als solche – auf die Meinung der Gruppe wird stets größere Rücksicht genommen als auf individuelle Wünsche. Es gibt sogar Japaner, nach deren Meinung Individualität ein Synonym für Egoismus und die Mißachtung der Gefühle anderer ist.

Die jungen Japaner scheinen sich jedoch in eine andere Richtung zu entwickeln. Beliebte Publikationen wie Shonen Jump predigen, daß Freunde wichtiger sind als Firma und Familie, daß das Individuum nichts errreicht, wenn es keine Eigeninitiative zeigt, und daß Eltern, Chefs, Lehrer und Politiker einen nur von den kleinen Freuden des Lebens abhalten. Und diese Ideen haben zumindest bei den jugendlichen Städtern längst gezündet.

Überraschend mag es in diesem Zusammenhang erscheinen, daß das Meiji-Regime im letzten Jahrhundert bemüht war, dem Volk die Bedeutung individuellen Selbstbewußtseins und von Eigeninitiative als Geheimnis des westlichen Erfolges klarzumachen.

Verwitterte Buddha-Jünger in der Ganmangafuchi-Schlucht bei Nikko

WICHTIGE INFORMATIONEN

Diplomatische Vertretungen

In Japan
Botschaft der Bundesrepublik Deutschland
4-5-10, Minami-Azabu, Minato-ku
Tokio
Tel. 03/3473-01 51

Botschaft der Republik Österreich
1-1-20, Moto-Azabu, Minato-ku
Tokio
Tel. 03/3451-82 81

Botschaft der Schweiz
5-9-12, Minami-Azabu, Minato-ku
Tokio
Tel. 03/3473-01 21

In Deutschland
Japanische Botschaft
Godesberger Allee 102–104
53175 Bonn
Tel. 0228/8 19 10
Generalkonsulate in Berlin, Düsseldorf, Frankfurt/M., Hamburg und München

In Österreich
Japanische Botschaft
Argentinierstr. 21
1040 Wien
Tel. 0222/5 01 71-0

In der Schweiz
Japanische Botschaft
Engestr. 43
3012 Bern
Tel. 022/24 08 11
Generalkonsulat in Genf

Feiertage

Gesetzliche Feiertage sind:
1. Jan. Neujahr
15. Jan. Tag der Erwachsenen
11. Feb. Tag der Staatsgründung
21. (oder 20. März)
        Frühlingsanfang
29. April Tag des Grüns
5. Mai Tag der Kinder
15. Sept. Tag der Ehrerbietung für
        die älteren Mitmenschen
23. (oder 24.) Sept. Herbstbeginn
10. Okt. Tag des Sports und der
        Gesundheit
3. Nov. Tag der Kultur
23. Nov. Tag der Arbeit
23. Dez. Geburtstag des Kaisers
Fällt ein Feiertag auf einen Sonntag, wird der darauffolgende Montag ebenfalls zu einem Feiertag.

Fernsehen

Fernseher laufen in vielen kleinen Lokalen und sorgen für den entsprechenden Geräuschpegel. Wer kein japanisch versteht, muß sich nicht grämen. Das Programm erscheint wie eine kontinuierliche Folge von Shows und Quiz. Die besseren Hotels bieten CNN auf dem Zimmer-TV, manche auch Inhouse-Videos.

Fotografieren

Grundsätzlich darf alles fotografiert werden. Die Japaner selbst sind ein Volk von Hobbyfotografen. Sie werden selten einen einheimischen Touristen ohne Kameraausrüstung erleben. Die Japaner lassen sich aber auch selbst gern ablichten, wenn man sie danach fragt. Ganz besonders gern ihre Kinder, wenn sie in niedlichen Kostümen an irgendwelchen Festivitäten teilnehmen.

Fotomaterial können Sie an fast jeder Ecke kaufen, die Preise sind mit den unsrigen vergleichbar.

Geld

Die Währungseinheit in Japan ist der Yen. Geld kann man überall dort wechseln, wo ein entsprechendes Schild an der Tür darauf hinweist. Die Transaktion kann bis zu zwanzig Minuten dauern. Normalerweise gibt es auf Travellerschecks bessere Wechselkurse als auf Barem. Am besten allerdings, Sie bringen Yen-Reiseschecks von zu Hause mit. Diese können Sie dann auch in jedem Hotel ohne Verlust zu Bargeld machen. Auf den Flughäfen finden Sie Wechselstuben. Die großen Kreditkarten wie American Express, Masterchard oder Visa werden fast überall akzeptiert.

1 DM = 60 Yen
1 sFr = 71 Yen
1 öS = 8,5 Yen

Öffnungszeiten der Banken:
Mo–Fr 9–15 Uhr, im Internationalen Flughafen bis zur letzten Landung geöffnet.

Medizinische Versorgung

Japans medizinische Einrichtungen befinden sich auf einem sehr hohen Niveau. Bei einem Notfall hilft die Hotelrezeption am schnellsten mit der Adresse des nächstgelegenen Arztes oder Krankenhauses und kann bei Terminabsprachen bzw. Verständigungsproblemen per Telefon behilflich sein. Ein erster Besuch kostet ca. 4400 Yen, spezielle Behandlungen, Therapien oder Tests werden extra berechnet.

In Tokio
International Catholic Hospital
Shinjuku
2-5-1 Naka-Ochiai
S-Bahn: Station Mejiro (auf der Yamanote Line)

St. Luke's International Hospital (Seiroka Byoin) ■ F 5
10, Akashicho, Chuo-ku
U-Bahn: Tsukiji
Tel. 35 44-06 49

Wechselkurs-Umrechnungstabelle

Yen	DM	sFr	öS
100	1,69	1,40	11,80
200	3,38	2,80	23,60
250	4,23	3,50	29,50
300	5,07	4,20	35,40
400	6,76	5,60	47,20
500	8,45	7,00	59,00
750	12,68	10,50	88,50
1 000	16,90	14,00	118,00
1 500	25,35	21,00	177,00
2 000	33,80	28,00	236,00
5 000	84,50	70,00	590,00

Stand: April 1995

WICHTIGE INFORMATIONEN

Einige englischsprechende Ärzte finden Sie (nur nach Vereinbarung) in

**Tokio Medical &
Surgical Clinic** ■ D 6
32, Mori Bldg. (Nähe Tokyo Tower)
3-4-30 Shiba-koen, Minato-ku
U-Bahn: Roppongi
Tel. 3436-30 28

International Clinic ■ D 6
1-5-9 Azabudai, Minato-ku
(Nähe Roppongi Station)
U-Bahn: Roppongi
Tel. 582-26 46

In Kyoto
T.I.C. ■ K 3
Im T.I.C. bekommen Sie eine Liste mit jeweils einem Dutzend Ärzten und Zahnärzten, die Englisch sprechen. Hat das Büro geschlossen, hilft Ihnen
Dr. Sakabe
Gokomachi, Nijo-sagaru, Nakagyo-ku
Tel. 231-16 24

Post

Postämter erkennen Sie am T-Zeichen. Sie heißen **yubin-kyoku** und sind Mo–Fr 9–17 Uhr geöffnet. Fragen Sie im Hotel nach dem nächstgelegenen. Briefe und Postkarten können Sie vom Hotel besorgen lassen. Ein Brief bis 10 g nach Europa kostet 120 Yen, eine Karte 70 Yen.

Kyoto Central Post Office ■ K 6
Westlich des Hauptbahnhofs
843-12 Higashi-shiokoji-cho,
Schimogyo-ku
Tel. 365-24 71
Mo–Fr 9–19, Sa 9–17 Uhr

Radio

Die Radioprogramme des Landes sind für nicht japanisch sprechende Touristen wenig unterhaltend. Nicht zuletzt deswegen, weil anstatt Musik ständig der Disjockey quatscht. Das englische Programm beschränkt sich weitestgehend auf den US Army Service Far East Network auf 810 kHz.

Die genauen Klimadaten von **Tokio**

	Durchschnittstemperaturen in °C		Sonnenstunden	Regentage
	Tag	Nacht	pro Tag	
Januar	8,7	-1,4	6,0	6
Februar	9,0	-0,5	5,9	7
März	12,4	2,9	5,7	10
April	17,8	3,8	6,0	11
Mai	22,0	13,2	6,2	12
Juni	24,8	17,3	5,0	12
Juli	28,7	21,5	5,8	11
August	30,2	22,6	6,6	10
September	26,5	19,1	4,3	13
Oktober	20,4	13,0	4,4	12
November	15,7	6,8	4,8	8
Dezember	11,0	1,2	5,4	5

Quelle: Deutscher Wetterdienst, Offenbach

Reisedokumente

Staatsangehörige der Bundesrepublik Deutschland, Österreichs,
Liechtensteins und der Schweiz
benötigen für die Einreise nur einen
gültigen Reisepaß, wenn sie nicht
länger als sechs Monate im Land
bleiben.

Reisewetter

Die schönsten Reisemonate sind
Oktober bis Dezember. Die Tempe-
raturen liegen in Tokio zwischen
18 und 25 °C Grad, in Kyoto ist es
etwas wärmer. In dieser Zeit scheint
meistens die Sonne, die Luftfeuch-
tigkeit ist niedrig und die Chance auf
klaren Himmel relativ groß. Januar
und Februar können empfindlich
kühl werden. Im Frühjahr gibt's viele
Schauer, dafür blüht es üppig. Von
Juni bis August ist es schwül heiß,
Treibhausklima mit häufigem Regen.
Im September muß man auf Taifune
gefaßt sein.

Religion

Japaner vereinigen in sich sozusa-
gen mehrere Glaubensrichtungen,
die ihren Ausdruck in verschiedenen
Facetten des täglichen Lebens finden. Shintoismus (die ursprüngliche
Religion Japans), Buddhismus (ein
Import aus Indien) sowie Konfuzia-
nismus (aus China eingeführt) und
sogar der christliche Glauben bestehen gleichzeitig nebeneinander bzw.
werden auch vermengt. Am deut-
lichsten sieht man dies auf japanischen Hochzeiten, die im Laufe des
Festtages sowohl christliche Zeremonien als auch solche des Shintoismus beinhalten. In der Architektur
unterscheidet man grundsätzlich
buddhistische Tempel und Shinto-
Schreine.

Schrift

Im 6. Jh. übernahmen die Japaner
die chinesischen Schriftzeichen
(kanji), die aber für ihre Sprache
nicht so recht ausreichten bzw. zu
starr waren. In der frühen Heian-Periode wurden daher zwei japanische
Silbenalphabete entwickelt, das
Hiragana (z. B. für Affixe) und das
Katakana (fast ausschließlich für
Fremdworte). Hinzu kommen lateini-
sche Buchstaben (Romanji).

Sprache

Die Landessprache ist Japanisch.
Auch wenn die meisten Japaner
Englisch gelernt haben, tun sie sich
doch beim Artikulieren und Verstehen schwer. Oft hilft es, wenn man
ihnen kurz in Englisch aufschreibt,
was man möchte. Aus Angst vor
Peinlichkeiten laufen sie sogar
manchmal weg, wenn sie auf der
Straße angesprochen werden. Am
ehesten hat man noch mit Schülern
oder Studenten Glück (die unschwer
an ihren Uniformen zu erkennen
sind). Sie sind meist recht stolz darauf, ihre Kenntnisse anzubringen.

Stadtbesichtigungen

Organisierte Tages- und Abend-
touren in Tokio
Fujita Travel Service
Tel. 33 73-14 17
Japan Gray Line
Tel. 3433-57 45
Japan Travel Bureau
Tel. 3276-77 77
Touren dieser Veranstalter bucht
man am besten über das Hotel.
Zweimal wöchentlich bietet Japan
Travel Bureau den Bustrip »Indu-
strial Tokyo« an, auf dem z. B. War-
tungshallen von Japan Airlines, die
Fabrik von Isuzu Motors oder die
Börse besucht werden.

WICHTIGE INFORMATIONEN

In Kyoto
Japan Travel Tours
Tel. 341-14 13
Kintetsu Gray Line
Tel. 961-09 03
Das T.I.C. vermittelt Ihnen kostenlos »Goodwill Guides«, fast immer Studenten, die ihre Englischkenntnisse anbringen und verbessern wollen.

Stromspannung

In der Regel beträgt die elektrische Spannung 100 Volt, in den Hotels gibt es jedoch meist zwei Steckdosen mit 110 und 220 Volt.

Telefon

Es gibt fünf verschiedene Arten von öffentlichen Telefonen: grüne, gelbe, blaue, rote und rosafarbene. Grüne benutzt man für Gespräche innerhalb Japans, sie akzeptieren Münzen und Telefonkarten. Manche nur letztere. Haben sie ein goldenes Schild an der Front, sind sie auch für internationale Gespräche benutzbar. Für ein solches können Sie dann nur 100-Yen-Münzen einwerfen oder eine Karte benutzen. Alle anderen funktionieren ausschließlich für Inlandsgespräche. Telefonkarten gibt es fast überall zu kaufen. Sie werden als beliebte Souvenirs gehandelt und sind häufig mit Fotos von Sehenswürdigkeiten versehen. Meist haben sie 50 oder 100 Einheiten. Eine Digitalanzeige im Telefonapparat zeigt Ihnen die übriggebliebenen Einheiten an. Natürlich können Sie auch vom Hotel aus telefonieren.

Vorwahlnummern
D, A, CH → J 0081
J → D 001 49
J → A 001 43
J → CH 001 41

Trinkgeld

Trinkgeld ist in Japan tabu! In den teureren Hotels werden automatisch 10–20 % Service Charge auf die Rechnung geschlagen. Ansonsten müssen Sie sich darüber in keiner Situation Gedanken machen.

Wirtschaft

In den vergangenen dreißig Jahren ist aus dem »Abkupferexperten« Japan eine der führenden Industrienationen der Welt geworden. Der Schwerpunkt liegt im Bereich hochtechnologischer Entwicklungsarbeit sowie auf allen möglichen Konsumgütern, deren Produktion darauf aufbaut. Weltweit an erster Stelle steht Japan mit seiner Produktion von Autos, Motorrädern, Schiffen, Kameras, Video- und Hi-Fi-Geräten, ganz weit vorn auch im Bereich von Haushaltsgeräten und in der Produktion von chemischen Grundstoffen für die Verwendung in der modernen Industrie.

1988 war das Bruttosozialprodukt Japans nach dem der USA das zweithöchste der Welt, nachdem es bis Anfang der 80er Jahre drei Jahrzehnte lang um durchschnittlich 10 % pro Jahr gewachsen war. Inzwischen haben sich die Wachstumsraten nicht nur verringert, Anfang der 90er Jahre kam es zu einer schweren Rezession, die durch den aufgewerteten Yen noch verstärkt wurde, was sich verschärft auf den Export auswirkte. Die Gewinne aus dem Wirtschaftswachstum werden zum Ausbau der sozialen Wohlfahrtsprogramme und zur Verbesserung der Qualität der Umwelt benutzt, heißt es. Nicht zu vernachlässigen ist allerdings der Umstand, daß Japan in bezug auf Energie und Rohstoffe in sehr hohem Maße vom Ausland abhängig ist. Japan ist der

Welt größter Importeur von Öl, Kohle, Eisenerz, anderen Erzen und Metallen, Baumwolle, Wolle, Holz und anderen Gütern. Auch die Nahrungsmittel bzw. deren Grundstoffe kommen zu 50 % aus dem Ausland. Aufgrund der dichten Besiedlung einerseits und gebirgigen Landesnatur andererseits sind nur 14 % des Landes kultiviert, überwiegend mit Reisfeldern. Entsprechend spielt heutzutage die Landwirtschaft nur noch eine sehr kleine Rolle, ihr Anteil am Bruttosozialprodukt beträgt nur 2,8 %.

Zeit

Im Winter ist Japan gegenüber der Mitteleuropäischen Zeit (MEZ) 8, während der Sommerzeit 7 Stunden voraus.

Zeitungen

Über das, was gerade in Tokio los ist, informiert das witzig geschriebene »Tokyo Journal«. In den monatlich erscheinenden englischsprachigen Anzeigen-Journalen »Discover Kinki«, »The Kyoto Visitor's Guide« oder »Kansai Time out« finden Sie jede Menge nützlicher Adressen und Informationen über Kyoto. Deutschsprachige und internationale Zeitungen finden Sie in den Buchläden der internationalen Hotels.

Zoll

Ohne Zollerklärung dürfen Sie 3 Flaschen Spirituosen, 100 Zigarren oder 400 Zigaretten oder 500 g Tabak, 2 Unzen (ca. 50 ml) Parfüm sowie persönliche Mitbringsel im Wert von bis zu 200 000 Yen einführen.

Verboten sind Drogen jeder Art, Waffen und jegliche Bilder, Zeitschriften etc. mit obszönen, unmoralischen (z. B. pornographischen) Abbildungen.

Nicht nur für Romantiker: der Fuji bei Sonnenuntergang

5. Jahrtausend – 3. Jh. v. Chr.
Jomon-Kultur.

3. Jh. v. Chr. – 3. Jh. n. Chr.
Yayoi-Zeit: kontinuierliche Besiedelung, Metall- und Töpferarbeiten, bewässerter Reisanbau.

4. Jh.
Die Yamoto-Familie eint das Land; der Shintoismus, in dem der Natur und den Vorfahren gehuldigt wird, entsteht. Der Glaube an die Göttlichkeit des Kaisers ist oberster Grundsatz. Kulturelle Hinwendung zu China.

6. Jh.
Von Indien über China und Korea erreicht der Buddhismus Japan und mit ihm eine Reihe von kulturellen und wissenschaftlichen Idealen Chinas, inklusive Schrift, Kunst und Architekur.

710–794
Nara-Periode: Zum erstenmal wird eine ständige Hauptstadt bestimmt, Heijokyo, die 784 den Namen Nara erhält. Der Buddhismus verbreitet sich über das Land.

794–1192
Heian-Periode: Im Jahre 784 Verlegung der Hauptstadt nach Nagaoka, 10 Jahre später nach Heiankyo, dem heutigen Kyoto. Dabei bleibt es bis 1868. Der Zeitabschnitt (Heiankyo = »Hauptstadt des Friedens und Ruhe«) ist durch Wohlstand und Luxus seitens der oberen Klassen und des kaiserlichen Hofs geprägt und bringt auch der Kunst Höhepunkte. In den Provinzen indes entwickeln sich u. a. zwei mächtige Krieger-Klans, die Taira und die Minamoto, die heftige Bürgerkriege entfachen und das Land entzweien. Ein junger Krieger namens Yoritomo Minamoto triumphiert schließlich und etabliert sich im Fischerdorf Kamakura.

1192–1333
Kamakura-Periode: Yorimoto Minamoto setzt eine Militärregierung ein und legt damit als erster Kamakura-Shogun den Grundstein für ein 700 Jahre dauerndes Militärregime. Verschiedene buddhistische Sekten formieren sich. Von den ursprünglichen vier Hauptsekten – Naka, Zen, Nichiren, Jodo – haben die letzten beiden noch heute großen Einfluß.

1336–1603
Muromachi- und Azuchi-Momoyama-Periode. Die zweite Hälfte dieser Periode verzeichnet bürgerkriegsähnliche Konflikte, trotzdem machen Kunst und Kultur Fort schritte. Zahlreiche majestätische Burgen entstehen in dieser Zeit.

1543
Das erste europäische Schiff landet in Japan. Christliche Missionare kommen ins Land. Die japanischen Herrscher heißen die Fremden zunächst willkommen und nutzen die neuen Handelsmöglichkeiten. Als sie jedoch von der Macht der katholischen Kirche in Rom und dem Expansionsdrang der europäischen Nationen erfahren, verbietet das Shogunat Ende des 16. Jh. die christliche Religion.

1603–1867
Edo-Periode: Der Shogun Tokugawa Ieyasu etabliert seine Regierung in Edo, dem heutigen Tokio, und läßt den Kaiser in Kyoto machtlos. Die Kampagne gegen das Christentum wird intensiviert und führt 1633 schließlich dazu, daß alle Häfen für den ausländischen Handel geschlossen werden, mit Ausnahme von Nagasaki, wo einige wenige Holländer und Chinesen ihren Geschäften nachgehen dürfen. Ansonsten ist das Land für Fremde tabu, insgesamt etwa 220 Jahre lang.

Mitte 19. Jh.
Die Unzufriedenheit gegenüber dem Feudalsystem wächst. Inzwischen liegt die ökonomische Macht in den Händen der Kaufleute und Händler, während die Familien der herrschenden Samurai langsam, aber sicher in Armut versinken.

1853
US-Commodore Matthew C. Perry landet mit seiner Flotte im Hafen von Uraga und zwingt Japan, Handel mit den USA aufzunehmen. Dieses plötzliche Zusammentreffen mit dem Westen und seiner fortgeschrittenen Technologie beendet Japans Isolation sowie die Vorherrschaft des Shogunats.

1868
Kaiser Meiji in Edo übernimmt die Macht, ändert den Namen der neuen Hauptstadt in Tokio und errichtet eine neue, konstitutionelle Monarchie. Die nun einsetzende Modernisierung und Verwestlichung des Landes (als Meiji-Restauration bekannt) vollzieht sich rasant, seine industrielle Revolution ist fast schon mit dem Ende der Meiji-Zeit, 1912, abgeschlossen.

1894
Erfolgreicher Krieg gegen China.

1905
Erfolgreicher Krieg gegen Rußland.

1910
Annexion von Korea.

1937
Die Wiederaufnahme der früheren Expansionspolitik führt zu einem erneuten Krieg mit China.

1940
Drei-Mächte-Pakt mit Deutschland und Italien.

7. Dez. 1941
Angriff auf Pearl Harbour, in der Folge Siege in Hongkong, Singapur, Burma, Malaysia, auf den Philippinen, in Holländisch Ostindien (jetzt Indonesien) und Guam.

6. Aug. 1945
Die Amerikaner werfen die erste Atombombe auf Hiroshima, eine zweite auf Nagasaki.

14. Aug. 1945
Kapitulation Japans.

Bis 1952
Eine Besatzungsarmee der Alliierten unter General McArthur regiert. Während dieser Zeit wird die gesamte wirtschaftliche und soziale Struktur des Landes umgekrempelt. Der Kaiser verliert seinen göttlichen Rang, bleibt aber weiterhin verehrungswürdiges Symbol für die Nation. Eine demokratische Regierung wird gebildet.

1964
Olympische Spiele in Tokio und Jungfernfahrt des Shinkansen, des schnellsten Zuges der Welt.

1989
Tod des Tenno Hirohito (seit 1926 Kaiser) am 7. Jan.

1990
Inthronisierung von Hirohitos Sohn Akihito als 125. Tenno am 12. Nov.

1991
Im Nov. verkündet Japan den Verzicht auf die Treibnetzfischerei.

1995
Schweres Erdbeben im Großraum Kobe. Giftgasanschlag in der Tokioter U-Bahn.

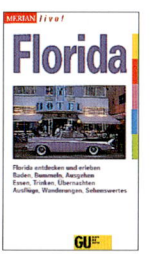

WICHTIGE INFORMATIONEN

An unsere Leserinnen und Leser:

Wir freuen uns, Ihre Meinung zu diesem Reiseführer zu erfahren. Bitte schreiben Sie uns, wenn Sie Berichtigungen und Ergänzungsvorschläge haben oder wenn Ihnen etwas besonders gut gefällt:

Gräfe und Unzer Verlag
Reiseredaktion
Stichwort: MERIAN live!
Postfach 40 07 09
Isabellastraße 32
80707 München

Lektorat: Andrea Bubner
Bildredaktion: Jan Scherping
Kartenredaktion:
Reinhard Piontkowski

Gestaltung: Ludwig Kaiser
Umschlagfoto: P. Spierenburg/
Frühlingsfest in Kyoto
Karten: Kartographie Huber
Produktion: Helmut Giersberg
Satz: Hubert Feldschmied
Druck und Bindung: Appl, Wemding
ISBN 3–7742–0355–5

Fotos:
R. Hackenberg 2, 6/7, 19, 25, 31, 44, 52, 69, 71, 78, 82, 89, 90, 98, 101

P. Spierenburg 4, 5, 9, 11, 13, 15, 16, 17, 23, 28, 33, 36, 37, 39, 40, 43, 45, 48, 50, 56, 57, 58/59, 65, 67, 72, 75, 77, 79, 83, 85, 88, 93, 95, 99, 103, 105, 106, 108, 109, 110/111, 113, 115, 121

Dieses Buch wurde auf chlorfrei gebleichtem Papier gedruckt

1. Auflage 1995
© Gräfe und Unzer Verlag GmbH, München